Leonhard Sudermann

Eine Deputationsreise von Russland nach Amerika vor vierundzwanzig Jahren

weitsuechtig

Leonhard Sudermann

Eine Deputationsreise von Russland nach Amerika vor vierundzwanzig Jahren

ISBN/EAN: 9783956560132

Auflage: 1

Erscheinungsjahr: 2013

Erscheinungsort: Bremen, Deutschland

weitsuechtig

Eine Deputationsreise

— von —

Rußland nach Amerika

— vor —

vierundzwanzig Jahren.

Aufgezeichnet von

Leonhard Sudermann.

1897.
Mennonitische Verlagshandlung,
Elkhart, Ind.

Vorwort.

Schon vor einigen Jahren erging die Aufforderung an mich jene Reise zu beschreiben, die wir vor 24 Jahren im Auftrage unserer Gemeinden von Rußland und Preußen nach den .Vereinigten Staaten und Canada unternahmen, und die unmittelbar darauf, für Viele, einen Heimatwechsel zur Folge hatte, der in der Geschichte unserer Gemeinschaft, für die Zukunft immer wichtig bleiben wird.

Es war damals die Absicht dieselbe in einem unserer Gemeinschaftsblätter zu veröffentlichen, oder auch einem Kalender beizufügen. Beides schien mir, für mich zu beurteilen, nicht geeignet, da solch ein Gemeinschaftsblatt für Manchen nicht den Wert hat es aufzubewahren, solches auch unbequem ist wenn es eine Anzahl Nummern erfordern würde. Einem Kalender sie beizufügen würde eine Reisebeschreibung wie diese, wenn sie etwas eingehend behandelt wird, zu umfangreich werden. Es sollte, meines Erachtens, ein besonderes Heft, das man aufbewahren und auch gelegentlich den Kindern in der Familie zu lesen empfehlen könnte, daraus gemacht werden.

Ich hätte gewünscht, daß eine kundigere Feder diese Arbeit übernommen hätte, doch dazu war leider wenig Aussicht, weil Br. Wilh. Ewert von Bruderthal, einer unserer Mitdeputierten schon damals nicht mehr unter den Sterblichen war. Er hatte unterdessen schon noch einen wichtigeren Heimatwechsel unternommen -- und Br. Jacob Buller, Neu Alexanderwohl, so unglücklich war auf der Rückreise, schon nahe am Ende derselben, daß man ihm sein Notizbuch aus dem Ueberrock im Bahnwagen entwendete. Ich mußte mich demnach entschließen, wenn Etwas in der Sache noch geschehen sollte, die Arbeit zu übernehmen und machte mich auch bald daran. Meine ziemlich ausführlich gemachten Notizen, kamen mir dabei gut zu statten, daß nachstehendes zwar unvollkommene Werkchen zu Stande kam.

Ich übergebe es somit der Oeffentlichkeit unserer Gemeinschaftsgenossen, mit der Bitte, es nachsichtig zu beurteilen. Möge es unseren Gemeinschaftsgliedern eine Aufmunterung sein fest zu halten an dem Bekenntnis der Hoffnung in der Reichssache unseres Gottes und hochgelobten Friedenskönigs Jesu Christi, wünscht von Herzen

Der Verfasser.

Eine Deputationsreise

— von —

Rußland nach Amerika.

Es war eine ernste Frage, die unsere Taufgesinnte Gemeinschaft in Rußland und Preußen zu dem Entschluß brachte, eine Deputation nach Amerika in die Vereinigten Staaten zu senden, um einen geeigneten Platz zu suchen, wo wir auch in Zukunft Glauben und Bekenntnis nach evangelischer Vorschrift uns und unsern Kindern zu bewahren die Hoffnung hätten.

Unsere Väter waren es gewohnt, hier dies arme Erdenleben als ein Wanderleben zu betrachten, in dem sie durch Anfechtung aufs Wort zu merken immer aufs neue unterrichtet wurden. Hat doch unser treuer Oberhirte auch mit der Anfechtung Seine gute Absicht mit den Seinen, indem sich dann die Wahrheit der Strofe bestätigt findet:

Saueransehen, Schelten und Schmähen
Pflegt nur die Spreu von dem Weizen zu wehen;
Treibet zu Jesu und mehret den Mut,
Unserm Inwendigen ist es sehr gut.

Es bleibt aber oft nicht nur beim Saueransehen, beim Schelten und Schmähen, es geht und ging ihnen auch oft ans Leben und mancher Märtyrer hat selbst noch nach der Reformation sein Leben auf dem Scheiterhaufen zum Opfer gebracht, weil er Treue bewies für die Ueberzeugung der Wahrheit, auch mit dem Teuersten, was er hatte, mit seinem Leben einzustehen. Unsere Glaubensgenossen erfuhren bei wiederholtem Wechsel der Regenten, wenngleich große Einschränkung in mancher Beziehung, doch im allgemeinen gnädige Duldung. — In Rußland glaubte man, durch ein ewiges Previlegium das ihnen im Jahre 1800 von Kaiser Paul verbrieft wurde, der Anfechtung enthoben zu sein. Da brachte vor 26 Jahren ein neues Militärgesetz, das ohne Unterschied — die dortigen deutschen Kolonisten nicht ausgeschlossen — die Unterthanen zum Militärdienst verpflichtete, sie in Unruhe und veranlaßte die Sendung einiger Brüder nach Petersburg, um höchsten Ortes genaue Erkundigungen einzuziehen, ob nicht unsere Zukunft, trotz einem ewigen Previlegium doch gefährdet sei. Die Antwort, die man dort erhielt war keineswegs beruhigend. Im gemäßigsten Fall könne man uns von direktem Waffendienst frei machen, aber doch nicht des Sanitätsdienstes entbinden. Da wir aber auch im Sanitätsdienst doch das Kriegswesen unterstützen würden, wenn wir uns dazu anwerben ließen, und da wir überhaupt auch beflissen sein wollen, unsere Jugend vor den Gefahren, denen sie im Kasernenleben ausgesetzt sein würden, zu bewahren, so fanden wir wenig Beruhigung in dem, was dort zu erkundigen uns zur Aufgabe gemacht wurde. Wir sahen unsere Existenz in Rußland für die Zukunft entschieden gefährdet und mußten uns ernstlich mit dem Gedanken an einen Heimatwechsel vertraut machen.

Diese Sorge war eine recht ernste, dazu eine allgemeine, und veranlaßte mehrere Zusammenkünfte zur eingehenden Besprechung über diesen Gegenstand. Amerika lag uns als Antwort auf die Frage: „wohin" am Anfang sehr fern, aber eine Anzahl Auswanderer von 50—60 Tausend Seelen, die allein im südlichen Rußland zu berechnen war, wo sollten die wohl in Europa eine angemessene Zufluchtsstätte finden können? — Es kostete nicht geringe Kämpfe zunächst sich selbst zu überwinden, in dem daß man überhaupt Amerika bei dieser Frage in Betracht zog. Amerika war nach unseren Begriffen ein Erdteil, interessant für Abendteurer, eine Zufluchtsstätte für Verbrecher; wie könnte man überhaupt bei solcher und ähnlicher Bevölkerung neben rohen Eingebornen, daran denken, im Frieden unter seinem Weinstock und Feigenbaum eine Heimat zu finden? — Das wäre allenfalls zu wagen, für Jemanden, der die Taschen voll geladener Revolver hätte und darauf Rechnung machte, sein Leben schlimmstenfalls in die Schanze zu schlagen, aber für eine wehrlose Gemeinschaft könne das unmöglich eine geeignete Heimat werden; dazu kam noch die lange beschwerliche Reise über den atlantischen Ocean. Welch einen Kostenaufwand würde sie erfordern, für eine Gemeinschaft die daran denken müßte, Alles zu verlassen und mehrenteils arm, von der alten Heimat Abschied zu nehmen. Solche, und unzählige ähnliche Bedenken mußten erst überwunden werden, ehe man zu dem Schluß kam, in so weit sich selbst zu bekämpfen, daß man bei dieser Frage überhaupt Amerika mit in Rechnung nahm. Es galt aber doch allen Ernstes in dieser bedenklichen Lage, in der wir uns befanden, einen Entschluß zu fassen und die Wahl in dieser wichtigen Frage uns zu entscheiden, war und blieb immer nur sehr beschränkt. Manchen, die dieses lesen, wird es wenig begreiflich sein, wie wir uns ein solches Urteil über Amerika bilden konnten, aber woher sollten wir ein besseres nehmen, in dieser enormen Entfernung. Wir hatten wenig Gelegenheit uns ein gesundes Urteil zu bilden, nur was die öffentlichen Blätter uns berichteten, und wie solche Berichte lauten, namentlich in Rußland, lehrt uns heute noch die Erfahrung. Doch die Not drängte uns zur Entscheidung und da hatte man vor allen Dingen daran zu denken, zunächst die Sache mit Amerika möglichst gründlich zu untersuchen, und dazu wurden sich die Gemeinden an der Molotschna und bei Mariapol, auch eine Anzahl unserer Glaubensgenossen in Westpreußen, nach mehrmaliger wichtiger Beratung schließlich einig. Der Entschluß dazu bewies doch einigen Ernst im Halten an dem Bekenntnis. Man hatte auch wohl kaum unter den höchsten Beamten, in Petersburg daran gedacht, daß wir mit unsern Gedanken und Entschließungen zu dem Facet kommen würden. Wir wurden daran dort auch schon erinnert, als Grafen und Senatoren uns sagten: Wo wollt ihr hin? Amerika ist weit und Australien ist noch viel weiter.

Sie bekamen darauf zwar von uns zur Antwort: Australien wäre uns, mit Gottes Hilfe nicht zu weit, wenn wir dort Hoffnung fänden, Glauben und Bekenntnis zu bewahren. Doch wurde wohl in Petersburg nicht darauf gerechnet, wie es sich später erwies, daß wir mit einem Entschluß nach Amerika Ernst machen würden. Dieser Entschluß kam im Frühlinge des Jahres 1873 zur Reise, und zunächst wurden von den Gemeinden Männer ausgewählt, die eine Untersuchungsreise unternehmen sollten, um Land und Leute im neuen Weltteil kennen zu lernen, und überhaupt ein Urteil sich zu bilden, ob und wo man zunächst in Canada und in den Vereinigten Staaten unter den obwaltenden Gesetzen eine geeignete Stelle finden könne für eine Ansiedlung für unsere zahlreiche Gemeinschaft. Schreiber dieses war einer von den zweien, die aus unserem speziellen Gemeinschaftsverbande dazu in öffentlicher Versammlung ausgewählt wurden. Erst war es Bruder Jacob Buller, Aeltester von der Alexanderwohler Gemeine, an den zuerst die Aufforderung zu dieser so wichtigen Untersuchungsreise erging, dem dann Schreiber dieses noch beigesellt wurde. Es war keine Vergnügungsreise die wir zu unternehmen die Aufgabe hatten, vielmehr eine, mit ernsten verantwortungsvollen Pflichten betraute Arbeit. Nachstehende Vollmacht wurde uns zu diesem Zweck ausgestellt.

An die ehrwürdigen Kirchenältesten Jakob Buller in Alexanderwohl und Leonhard Sudermann in Berdjansk.

Teure Aeltesten und Brüder!

In Erwägung unserer mißlichen Stellung dem projektierten, und in seinen äußern Umrissen uns bereits bekannten, neuen Wehrgesetz gegenüber, haben wir Unterzeichnete auf Grundlage der uns von unserer Regierung gestatteten Auswanderungsfrist von zehn Jahren Sie durch Wahl bestimmt, als Deputierte nach Nord-Amerika zu gehen und dort für uns und unsere Angehörigen einen Ort zu einer neuen Heimat zu suchen und zu sichern. Wir überlassen es zwar, die Wahl derselben und die speziellen Bedingungen bei Ihrer

Sicherung ganz Ihrem Ermeßen, doch bitten wir sie Nachstehendes, als unerläßlichen Vorbehalt, jedem etwaigen Vertrage mit einem Staate zu Grunde zu legen:

(a) Gesetzliche Zusicherung vollkommener Religionsfreiheit und, was für uns genau damit zusammenhängt, vollständige Befreiung von jeder Art Militärdienst.

(b) Land, sowohl an Qualität wie auch in Bezug auf Quantität unsern Bedürfnissen, die Ihnen hinlänglich bekannt sind, entsprechend, sei es nun unentgeltlich oder auch teilweise gegen Bezahlung mäßiger Preise unter möglichst leichten Bedingungen, die Zahlungstermine betreffend.

(c) Zusicherung einer ähnlichen abgeschlossenen Gemeindeverfassung mit dem Gebrauch der deutschen Sprache in unsern selbstgewählten Vorständen, wie wir es hier bis jetzt hatten.

(d) Nicht unerläßlich, aber wünschenswert und zur Förderung der Auswanderung an und für sich, wäre die Erleichterung resp. Herabsetzung des Ueberfahrtsgeldes von Rußland nach Amerika, wie sie uns schon von Seiten der canadischen Regierung in Aussicht gestellt ist.

Was Sie in dieser Sache für uns thun, abschließen oder übernehmen, dem verpflichten wir uns, so viel an uns ist, in der uns gestatteten Auswanderungsfrist nachzukommen. Ihnen den Beistand des Herrn und damit Ihrem Wirken segensreichen Erfolg von Herzen wünschend unterzeichnen wir uns: Zahlreiche Unterschriften.

Wir machten uns, unter den Segenswünschen unserer Familien und der Gemeinden, welche uns mit Vollmachten versehen hatten, Ende April 1873 auf den Weg, reiseten zunächst nach West-Preußen, wo wir am 3. Mai ankamen und uns noch eine Woche aufhielten in der Gemeinde zu Heubuden bei Marienburg und wo sich uns Br. Wilh. Ewert aus der Thorner Gemeinde anschloß. Den 10. Mai kamen wir nach Berlin, hörten am 11. in der Domkirche den Hofprediger Kögel und setzten abends unsere Reise nach Hamburg fort, wo wir den 12. morgens eintrafen. Hier gab es Arbeit mit Geldwechseln und Billetslösen. Am 14. gingen wir um ½8 Uhr zum Hafen, bestiegen dort zunächst ein kleines Dampfboot, das uns in ein paar Stunden nach Stade brachte, wo unser Dampfer, den wir zur Ueberfahrt nach Amerika benutzen wollten, die Frisia, vor Anker lag. Als um 12 Uhr mittags ein zweites kleines Dampfschiff die Post brachte, wurden, während wir Mittag aßen, die Anker gelichtet und unser Dampfer, ein pompöses Bauwerk in unsern Augen, wie wir ein zweites bis jetzt noch nicht gesehen hatten, eilte von einem Lotsen geführt der Elbenmündung zu. Ein Viertel auf 6 Uhr abends hielt das Schiff noch einmal, der Lotse übergab dem Schiffskapitän die Leitung und bestieg ein kleines Boot; seine verantwortungsvolle Aufgabe war gelöst. Alles was wir sahen war uns neu und war uns wichtig. Zunächst kam uns Hellgoland, das ja vor Kurzem aus englischen in deutsche Hände gekommen war, in Sicht; da kamen wir der holländischen Küste bei Rotterdam ganz nahe, wo viele Schifferboote das Wasser kreuzten; dann verloren wir jeden Anknüpfungspunkt mit dem Lande -- wir befanden uns im offenen Wasser der Nordsee.

Die Beschäftigung der Matrosen und der Schiffsbeamten war uns ebenso neu wie interessant. Man untersuchte mit einem Senkblei, dessen Ende mit Talg bestrichen war, den Meeresgrund; man zog mit einer Maschine die Sonne scheinbar auf den Meeresspiegel und machte dabei Berechnungen. Dann kommt die französische Küste in Sicht und wir passieren die Meerenge zwischen Dover und Calais. Den 16. Mai morgens 2 Uhr, erreichten wir den Hafen von Havre, mußten aber die Flut abwarten und gingen mit derselben unmittelbar bis hart an das Küstenufer an die Schiffsbrücke. Nachmittag machten wir einen Spaziergang auf französischem Boden und in einer französischen Stadt. Havre ist schön, namentlich auf der Terrasse die einen Berg bildet, der nach Norden sich hebt, und den wir bis zu 250 Stufen erstiegen, wo wir die herrlichsten Anlagen fanden mit dem schönsten Blumenschmuck auf Bäumen, Sträuchern und Pflanzen. Kastanienbäume in voller Blumenpracht mit roten und weißen Blüten, Rosen, Tulpen und Vergißmeinnichtbeete, wie Natur und Kunst sie nur auf's prächtigste zu entwickeln fähig ist, zeigten uns die Güte unseres Gottes in Seinen mannigfachen Wundern. Die Aprikosen hatten bereits die Größe einer Haselnuß erreicht. Auffallend waren uns auf den saubern Straßen die merkwürdig schweren Pferde und die eigentümlich gebauten kollossalen Karren, vor welche sie gespannt waren. Große Baumwollenbällen lagen an der Küste des ausgezeichneten Schiffshafen mit seiner merkwürdig tiefen Bucht, wie wir sie von der Terrasse aus sehen und beurteilen konnten. Alles Dinge, die unsere Aufmerksamkeit im vollen Sinne des Wortes fesselten.

Mittags 12 Uhr ging unser Schiff mit der Flut wieder in See und fuhr uns durch den Kanal allmählich zwischen England und Frankreich hindurch in den großen atlantischen Ocean. Es waren von Havre aus circa 1100 Menschen an

Bord. Eine kleine Welt, die sich einstweilen in die Schranken eines großen schwimmenden Baues vereinigt sieht, der aber doch auf der großen unabsehbaren Wasserfläche, als ein Spielball nur den tückischen Elementen unterworfen ist, die schon unzähligen solchen prächtigen Bauwerken im Kampfe ihre grausame Ueberlegenheit gezeigt haben. Aber, wer unter dem Schirm des Höchsten sitzet und unter dem Schatten des Allmächtigen bleibet, der spricht zu dem Herrn: Meine Zuversicht und meine Burg, mein Gott auf den ich hoffe. Ps. 92. Unser Schiff legte täglich von 264 bis 324 Seemeilen zurück.

Mittwoch, den 21. Mai konnten wir aber nur mit der Fahrt langsame Fortschritte machen, indem am Vormittag ein dichter Nebel alle Aussicht verwehrte, aber um Mittagszeit klärte sich der Himmel und wir bemerkten in der Ferne am westlichen Horizont einen schmalen Streifen, der uns auf Land schließen ließ. Bald wurde es uns klar, daß wir uns nicht täuschten. Die Hoffnung, nun bald das Ziel einer langen gefährlichen Seereise erreicht zu haben, erregte unter den Passagieren allgemeine Freude. Es zeigten sich in der Nähe und Ferne verschiedene Fischerboote, von denen eins unvorsichtiger Weise auf unser Schiff losrannte, so daß wir besorgt wurden, ob es auch ernstlichen Schaden erlitten haben möchte. Unter Andern näherte sich uns ein gefälliges weißes Boot mit dem unser Kapitän Signale wechselte, worauf dann ein Lotse unser anhaltendes Schiff bestieg der uns in den New Yorker Hafen bringen wollte. Die Ankunft desselben erregte allgemeine Heiterkeit und gab uns die Hoffnung, noch diesen Tag in den Hafen einzulaufen.

Es währete auch nicht lange, so kam die amerikanische Küste immer näher, die unsere Neugierde allen Ernstes auf sich zog. Herrliche Landschaften entfalteten sich unsern Blicken, die immer wieder, mit neuen, noch schöneren abwechselten. Links hatten wir die Küste von New Jersey, die einen überraschend schönen Anblick gewährte in denen wir die Villen der „Obern Zehntausend" in ihrer Mannigfaltigkeit im Geschmack der Bauart sehr nahe vor uns hatten. Alle Passagiere waren oben und genossen die interessante Aussicht. Als wir endlich in der Ferne die Stadt New York gewahr wurden, machte unser Schiff Halt und warf Anker. Die Sonne war unterdessen untergegangen, aber lange noch war unser Auge gefesselt in dem Anblick, den die neue Welt uns erschloß.

Als die Nacht allmählich ihr Recht zu behaupten begann, gab uns die herrliche Beleuchtung in der Nähe und Ferne noch lange immer neue Augenweide. Darauf begaben wir uns mit warmem Dank gegen den treuen Herrn, der uns vor Schaden und Gefahr gnädig bewahrt und uns glücklich hatte das Ziel unserer Reise erreichen lassen, zur Ruhe.

Donnerstag, den 22. Mai, mit Anbruch des Tages, stand ich auf und ging auf's Verdeck. Mit mir waren auch schon ein paar Damen da, die eben so in der Morgenluft die neue Aussicht, die uns das Tageslicht bereitete mitgenießen wollten. Es wurde schon bei Zeiten der Frühstückstisch gedeckt, und während wir aßen begann der Dampfer seine Fahrt und brachte uns in kurzer Zeit an's Ziel. Viel Neues und Interessantes bot uns schon der Hafen mit seinen mannigfaltigen wunderlichen (und späßigen) Dampfern. Das Schiff legte an und bald begann man mit Ausladen der Pakete und Kisten. Die Besichtigung unseres Reisegepäcks ging gut. Ein Freund aus dem Missionshause empfing uns und stand uns bei unser Gepäck auf eine Fuhre zu bringen. Im Missionshaus angekommen begrüßten uns die Herren von der Northern Pacific Eisenbahn, die uns zu Herrn Hübert, dem Agenten von dieser Bahn, führten. Auf dem Wege von dort in unser Quartier begegneten wir Geschwister Rudolph Riesens, die mit uns die Reise gemacht hatten; sie hatten mit zwei Jünglingen von den Unsern, unterdessen wir unsere Geschäfte besorgten, schon Vorbereitungen zur Weiterreise getroffen und wollten sich von uns verabschieden und nach Summerfield, Ill. gehen. Wir waren von ihrem schnellen Entschluß, sobald schon aufzubrechen, überrascht, hatten aber mit Gottes Hilfe Aussicht, uns später doch noch zu treffen. Im Quartier angekommen wurden wir von einem weiteren Agenten, Herrn Hespler bewillkommt. Da die Northern Pacific Eisenbahngesellschaft uns mit einem Herrn in Philadelphia bekannt machen wollte, der Teilnehmer dieser Gesellschaft war, Herr Hespler aber mit uns Manitoba besuchen wollte, und vorschlug das Pfingstfest, vor dem wir unmittelbar standen, mit den Brüdern in Canada zu feiern, beschlossen wir, daß Br. Wilh. Ewert und Br. Andr. Schrag nach Philadelphia, wir aber, Br. Jac. Buller, Br. Tob. Unruh und ich, nach Canada gehen sollten, wohin uns Herr Hespler zu begleiten beabsichtigte. Somit trennten wir uns folgenden Tages, am 30. Mai, als die Brüder sich nachmittags nach Philadelphia begaben, und wir andern abends den Zug nach Canada bestiegen, mit dem Uebereinkommen uns nach

Pfingsten in Elkhart, Ind. wieder zur Weiterreise zu vereinigen. Wir hatten, bevor wir uns trennten noch eine Bekanntschaft gemacht mit Br. Fobbe, der uns zu sich einlud und uns Nachtquartier gastfreundlich anbot. Br. Buller, Br. Ewert und ich nahmen das Anerbieten an. Wir fanden in dieser Familie herzliche Aufnahme, dazu Liebe zu Gottes Wort und zu unserm wehrlosen Bekenntnis. Auch wurden wir, bevor wir New York verließen noch mit einem Herrn Hiller bekannt, der uns den sehr schönen öffentlichen Garten von N. Y. zeigte, in dem wir auch das Nachtessen nahmen.

Am 30. Mai gingen wir zum Bahnhof der Erie Bahn und bestiegen den Zug. Man riet uns für die Nacht ein Bett im Schlafwaggon zu nehmen. Auf dem Wege nach dem Niagara Fall kamen wir von Warsaw über den Geneseefluß wo wir einen allerliebsten Wasserfall sahen; über diesen Fluß führte, wie man uns sagte, die höchste Brücke der Welt. Mittags 12 Uhr kamen wir bei der großen Stadt Buffalo vorbei und unmittelbar darauf an die canadische Grenze, wo wir uns in Clifton einige Stunden aufhielten und bei der Gelegenheit das majestätisch großartige Schauspiel im Anblick des Niagara-Falls genossen, unter welchem unmittelbar darauf eine Brücke für Personen und Gefährte führt von 450 Schritt Länge. Groß, o Gott, sind deine Wunder und deine Werke, wer ihrer achtet der hat eitel Lust daran.

Etwa drei engl. Meilen unterhalb des Falles ist die Eisenbahnbrücke über diesen Fluß, über welche wir aus den Vereinigten Staaten Canada erreichten. Abends 9 Uhr verließen wir den Zug, der uns nach Preston gebracht hatte, wo einer der canadischen Brüder, Br. Jac. Y Schantz, uns empfing und uns zu Br. Jos. Erb brachte, bei welchem wir und auch er mit seiner Frau, übernachteten. Am 1. Juni, nachdem wir im geschwisterlichen Hause gefrühstückt hatten fuhren wir mit Br. Schantz in's Versammlungshaus nach Creßmann, um zum ersten Male mit lieben Gemeinschaftsgenossen in Amerika Pfingsten zu feiern. O wie wohl that es dem Herzen, so unmittelbar nach der Landung im neuen Erdteil, dessen Besuch für uns so große Wichtigkeit hatte, liebe Glaubensgenossen in so unerwartet großer Zahl anzutreffen, mit so teilnehmenden Herzen für unsere Not in der alten Heimat. Wir fühlten uns gestärkt in unserer Aufgabe, als wir uns überzeugten, daß wir auf einem Bekenntnisgrunde standen, wenn wir gleich bis dahin keinen Verkehr mit einander gehabt, kaum von einander gewußt hatten.

Ja, wenn Seelen sich zusammen finden
  In denen Du, Herr Jesus, lebst,
Die sich auf Deinen Tod verbinden
  Und die Du selber trägst und hebst,
Da öffnen sich die Herzen gleich;
Da redet man vom Himmelreich.
  Wo Christenseelen sich begegnen,
  Da gilt's nur lieben, bitten, segnen.

Gerne leisteten wir, Br. Tob. Unruh und ich, der an uns gestellten Aufforderung Folge, ein Zeugnis in der Gemeine abzulegen und freuten uns, wenn das gepredigte Wort, von den anwesenden Predigern und Bischöfen Bestätigung fand. Nachmittag wurden wir zu dem Tunkerbruder Philipp Halm gefahren, in dessen Hause eine Versammlung bestellt war. Da waren einige Gäste aus der Ferne, die zu dieser Gemeinschaft gehörten. Wir wurden auch hier zum Sprechen aufgefordert und predigten alle drei. Bei Bruder Elias Weber, einem Diakon, aßen wir mit Geschwister Schantz zu Mittag. Letzterer fuhr uns abends auf eine seiner neuen Farmen, die sein Schwiegersohn, Br. Schneider, bewohnte. Auch dort war eine Versammlung bestellt, die wir ebenso zu bedienen die Aufgabe hatten. Hier fanden wir auch gastliche Nachtherberge.

Am 2. Juni fuhr uns unser freundliche Gastgeber in's Martins Versammlungshaus, wo wir den alten Bischof Abraham Martin kennen lernten, der warme Teilnahme für uns an den Tag legte, die auch später, bei der Einwanderung unserer Brüder nach Manitoba in dem reichen Opfer, das er selbst für die Armen brachte, sich thatkräftig bewies. Dazu gab er auch seinen Söhnen eine väterliche Aufmunterung ein Gleiches zu thun, und auch diese gaben ihrem brüderlichen Sinn und ihrer warmen Teilnahme einen anerkennenden entsprechenden Ausdruck. Als darauf im folgenden Jahre 1874, mit einer englischen Schifffahrts-Linie, eine ansehnliche Zahl Familien unserer Glaubensgenossen in Canada landeten, um in Manitoba sich ansäßig zu machen, kamen die canadischen Brüder ihnen mit einem herzlichen Willkommen bei ihrer Landung entgegen und der alte Br. Martin machte auch noch die Reise nach dem Landungsplatz. Er hatte den Wunsch, ungeachtet Altersschwäche, diese Glaubensgenossen, bei ihrer Ankunft persönlich zu bewillkommnen. Neunhundertsiebenundneunzig Seelen von den Unsern verließen jenes mal das Schiff und wurden für die Nacht in der Stadt einquartiert und am nächsten Morgen waren es über Nacht tausend geworden. Zwar entsprachen damals diese Einwanderer in mancher Hinsicht wohl wenig den Erwartungen der canadischen Glaubensgenossen, ungeachtet dessen haben sie sie doch brüderlich aufgenommen und die vielen Armen unter ihnen ansehnlich unterstützt; ja später durch bedeutende Geldanleihen, die überaus schwere Ansiedlung in der neuen Provinz Manitoba zu erleichtern Sorge getragen. Der Herr und Bischof unserer Gemeine, der da verspricht, selbst einen Becher kalten Wassers, dem Geringsten Seiner Glieder gereicht, nicht unbelohnt zu lassen, wird diesen lieben Geschwistern gewiß auch ein reicher Vergelter sein. Bruder Martin fuhr mich nach Berlin, wo wir im Versammlungshaus alle drei predigten. Nach der Versammlung nahm mich Br. Baumann in sein Haus, welches einige Meilen von der Stadt entfernt ist. Er wünschte ich möchte seinen 87 Jahre alten Vater besuchen, der von den Russen gehört, sie auch kennen zu lernen wünschte. Br. Dettweiler mit seiner Frau waren dort auch Gäste. Es versammelten sich auch noch andere liebe Geschwister und wurde auch hier Anspruch auf Erbauung gemacht, dem ich nach schwachen Kräften gerne genügte. Zum Abend versammelten wir uns bei Br. Jacob Schantz, wo meine beiden andern Reisegefährten eine Erbauungsstunde leiteten.

Den 3. Juni sahen wir uns am Morgen Br. Schantzens Sägemühle an; dann fuhren wir ins Versammlungshaus Latschar. Unterwegs hatten wir Gelegenheit, die Maschine arbeiten zu sehen, mit der man die stärksten Baumwurzeln aus der Erde hebt, um das Waldland urbar zu machen. Im Versammlungshaus angekommen, hatte der Gottesdienst bereits begonnen. Br. David Scherg sprach über die Worte Ev. Joh. 8, 31. 32; darauf wurde uns allen dreien noch Gelegenheit gegeben ein Zeugnis abzulegen. Br. Moses Baumann, der auch Gemeindediener ist, nahm uns zu Mittag in sein Haus. Wir nahmen Gelegenheit seine Käsefabrik und eine interessante Wasserpumpe uns anzusehen. Nachmittag ging es wieder in die Versammlung zu Dettweilers und dann in Br. Dettweilers Haus, den wir von den Dienern gleich zu Anfang kennen gelernt hatten, jetzt aber erst Gelegenheit bekamen ihn in der Familie zu besuchen. Abends ging es wieder nach Berlin zurück, wo bei Br. Schneider noch eine Versammlung bestellt war, von wo wir zur Nacht zu Br. Jac. Schantz gingen, wohin uns Bruder David Scherg mit seiner Frau begleiteten. Ich war vom Vormittag immer mit diesem lieben alten Bruder gefahren und wir hatten auf dem Wagen gute Gelegenheiten uns über Manches auszusprechen und zu verständigen. Das waren für mich drei wichtige Tage, in denen ich Gelegenheit hatte viele liebe canadische Brüder in Haus und Gemeine kennen zu lernen. In der gottesdienstlichen Uebung war manches neu und ungewohnt in Gesang und Predigt, doch keineswegs anstößig, vielmehr fühlte ich mich durch diesen Verkehr mit jenen Brüdern innig verbunden. Ich hatte in demselben eine vorläufig befriedigende Antwort auf manche Frage, die uns hier im neuen Lande zu untersuchen zur Aufgabe gemacht war. Zunächst hatten wir Gelegenheit uns zu überzeugen, wie Gemeinden, mit unserem Bekenntnis hier im Frieden ihrem Glauben nachleben konnten und was das irdische Fort=

kommen anbetrifft, so fand ich die Familien unserer Glaubensgenossen hier allgemein im Wohlstand.

Mit dieser befriedigenden Ueberzeugung machten wir uns am 4. Juni morgens, nachdem wir noch einige Fabriken uns angesehen hatten, mit Br. Jac. Schantz auf den Weg ins Innere dieses Landes und zwar zunächst nach Elkhart, Ind. Herr Hespler schloß sich uns an, denn unser Plan war zunächst Manitoba zu bereisen. Von Berlin wurde um 10 Uhr morgens abgereist und nachmittags um 3 Uhr verließen wir Canada und gingen über den Huron See in den Staat Michigan. Hier sahen wir wie Waldbrände großen Schaden angerichtet hatten. Dann trafen wir auf gelichteten Stellen Farmen mit schönen Obstgärten. Darauf kamen wir um 7 Uhr nach Detroit und eine halbe Stunde später in ein hübsches kleines Städtchen Ypsilanti; am andern Morgen erreichten wir Three Rivers. Da wir dort nicht direkten Anschluß fanden, hatten wir Gelegenheit uns einige Fabriken anzusehen, in denen Pumpen verfertigt wurden, 30,000 Stück jährlich; auch sahen wir dort eine bedeutende Papiermühle in der das Fabrikat von Pappelholz gemacht wurde; außerdem waren dort große Werkstätten, wo Ackergeräte und Getreidemühlen gefertigt wurden. Merkwürdig waren uns auch die mineralischen Quellen von denen wir eine besuchten und dort magnetisches Wasser tranken. Gesundbrunnen für Leidende, da man trinkt und in denen man badet, wo damals zu gleicher Zeit 350 Personen gesundheitshalber die Kur genossen und die Bewohner der Stadt ab und zu gingen. Diese Quelle wurde seiner Zeit auf folgende Weise entdeckt: Der Eigentümer derselben hatte eine kranke Frau, die schon viele ärztliche Mittel vergeblich angewandt hatte. Merkwürdiger Weise wurde sie, nachdem sie bei Gründung der Stadt dort ein halbes Jahr gewohnt hatten, gesund. Das machte sie auf den Brunnen auf ihrem Platz aufmerksam; man untersuchte das Wasser und überzeugte sich von seiner mineralischen Heilkraft. Ein Stückchen Eiser., oder auch ein offenes Messer zehn Minuten an die Oeffnung der Röhre aus der das Wasser fließt, gehalten, hebt eine Nadel auf.

Unter den Gästen, die wir dort begegneten, waren auch Mennoniten aus Indiana, deren Bekanntschaft zu machen wir Gelegenheit hatten. Seit acht Jahren hatte diese Stadt ihr Bestehen und zählte damals bereits 4000 Einwohner. Der längere, zwar unfreiwillige, jedoch für uns sehr lehrreiche Aufenthalt in dieser Stadt, hatte leider zur Folge, daß wir in Elkhart, wo wir am 6. Juni morgens 2 Uhr ankamen, unsere Reisegefährten, die wir verabredetermaßen hier zu treffen gedachten, nicht mehr vorfanden; sie waren bereits auf dem Wege nach St. Paul, wo noch andere russische Brüder, die in derselben Aufgabe, schon vor uns, über den Ocean gekommen waren, und nun mit uns in Gemeinschaft Manitoba zu bereisen die Absicht hatten, auf uns warteten. Das veranlaßte uns, ungesäumt einen Zug nach Chicago zu benutzen.

Dort angekommen trafen wir von Herrn Hiller begleitet, unsere Brüder Wilh. Ewert und And. Schrag. In der kurzen Zeit unseres Aufenthalts in dieser Stadt, die damals 400,000 Einwohner hatte, sahen wir uns gelegentlich einen 300 Schritt langen Tunnel, der zwei Straßen mit einander verbindet, an. Mehr als auf dem

Wege von Elkhart nach Chicago befriedigte uns die Landschaft, durch die uns unser Zug durch Wisconsin führte. Erst durchfuhren wir eine schöne fruchtbare Ebene, die dann mit einer Gegend, die mehr Abwechselung bot, wechselte.

Mittag hielten wir in Milwaukee; zu Abend aßen wir in Portage; zur Nacht nahmen wir einen Schlafwaggon, der uns, als wir uns am Morgen bei Zeiten angekleidet hatten, um 6 Uhr nach St. Paul brachte. Dort angekommen begrüßten wir die Bergthaler Brüder. Zunächst Br. Peters schon auf dem Depot, dann die Andern in dem großartigen Gasthof, in dem wir unser Frühstück nahmen. Doch mußten wir ungesäumt unsere Reise, mit einem Anschluß nach Norden fortsetzen, da Br. John F. Funk von Elkhart mit den Deputierten der sogenannten kleinen Gemeine schon voraus auf dem Wege nach Manitoba sich befand. der sollte nun möglichst bald eingeholt werden.

Unser Weg führte uns nun von St. Paul direkt nördlich nach Duluth, einer Hafenstadt, am Superiorsee. Der Weg dorthin bot viel Abwechselung in der Scenerie. Je mehr nach Norden, desto interessanter; namentlich nahm ein Fluß unsere Aufmerksamkeit in Anspruch, der sein Bett eine ansehnliche Strecke in einem Felsen und dabei einen starken Fall hatte. Das Gestein war von schwarzer Farbe, dazu das Wasser auffallend dunkel, einer dunkeln Lauge ähnlich, dann wechselte es rötlich und dann schieferfarbig ab. Auch kamen wir längst diesem Fluß wiederholt an tiefen Abgründen vorbei, die uns schwindelnd machen wollten, wenn wir aus den Waggonfenstern schauten. Buchstäblich ist die Bahn dort mitunter auf Gerüsten neben den Felsen angebracht. Auch bot die Temperatur auf diesem Wege uns eine auffallende Abwechselung. Wenn es in St. Paul unangenehm warm war, so kühlte sich die Luft während der Fahrt auffallend ab und als wir uns gegen Abend Duluth näherten, zogen wir schon gerne die Ueberröcke an.

Sonnabend den 7. Juni 5 Uhr abends kamen wir dort an und gingen zunächst in das nahe dem Bahnhof gelegene große und geräumige Emigrantengebäude, das sehr gut eingerichtet, dem Einwanderer, der nach Land ausgeht, einen guten und wohlfeilen Aufenthalt bietet. In der untern Etage, befinden sich lange Tische und Bänke, nebenbei eine Küche. In der obern sind Betten mit Matratzen und wollenen Decken, die zum Teil fertig dastehen, zum Teil vorrätig zu etwaigem Gebrauch da sind. Aehnliche Gebäude, waren an dieser Bahn längs der Strecke vier erbaut, wo auch der Einwanderer seine Familie zurück lassen kann und derselben unentgeltlich Logis und Bett gegeben wird, eben so Feuerung, womit er sich dann das Essen, das er selbst besorgt, bereiten kann. Da wir nun aber selbst nicht kochen wollten, so zogen wir vor, in den Gasthof einzukehren wo man uns für Logis und Kost auf 24 Stunden zwei Dollars berechnete. Unsere Absicht war hier den Sonntag als Ruhetag zu benutzen. Im Gasthof, der uns eine schöne Aussicht auf den See bot, wurde es uns erklärlich, weshalb die Temperatur so auffallend gewechselt hatte, als wir an der Seeküste eine ansehnliche Eismasse aufgehäuft sahen.

Sonntag Morgen, den 8. Juni, gingen wir in die neue lutherische Kirche, die erst vor Kurzem fertig geworden war. Der junge Prediger war ein Pommer, erst im vergangenen Jahre aus Europa gekommen. Er hatte eine gute erbauliche Predigt. Wir wurden nach dem Gottesdienst eingeladen in seine Wohnung zu kommen, neben der auch das Schulzimmer sich befand. Er teilte uns mit, das Duluth erst seit vier Jahren existiere und bereits 5,500 Einwohner zähle.

In der vergangenen Nacht hatten wir starkes Gewitter und den Tag hindurch nebliges und regnerisches Wetter. Das stimmte das Gemüt trübe und wir dachten an die lieben Unsrigen daheim, wo man heute nach morgenländischem Gebrauch Pfingsten feiert. Gewiß gedenkt man dort jetzt auch unserer.

Wir sind hier schon 1,600 Meilen westlich von New York. Die Stadt ist auf einem frisch abgeholzten Stück Land gebaut und man sieht zwischen den auf Stellen noch weitläufig stehenden Häusern, die Stumpen mit den Wurzeln der gefällten Bäume. Ueberhaupt ist das nördliche Minnesota, das wir jetzt bereisen, sehr waldig, verschiedene Nadelhölzer und Birken wechseln mit einander ab. Im Gasthof sahen wir Abbildungen der Partien, Schluchten und Brücken, die wir Tags zuvor passiert sind und staunen über die waghalsige Strecke.

Den 9. Juni setzen wir unsere Reise bei sehr regnerischem Wetter, mit Gottes Hilfe nun westlich fort und besteigen um 7 Uhr morgens den Zug, der uns nun nach Dakota führen soll. Wir sind mit Br. Jacob Schantz und Herr Hiller zehn Reisegefährten. Der Fluß, den wir vorgestern entlang fuhren und den wir auch jetzt noch wieder treffen, heißt St. Louis River. Die Strecke die wir nun befahren bietet neue Abwechselung. Es giebt Vertiefungen, die mit Wasser flach bedeckt sind, dann auch Hügel. Der Boden ist kupferfarbig und dicht bewaldet.

Anhaltender Regen verstimmt das Gemüt; man denkt an die Heimat und seufzt zu Gott um guten Mut, denn wir haben noch einen weiten Weg mit einer wichtigen Aufgabe vor uns. Es war um die Mittagszeit, da gab es auf dem Zuge einen großen Schreck, wiederholt heftige Stöße machten uns bange. Der Lokomotivführer gab ein Signal und im Augenblick waren alle Waggons auseinander und gebremst. Der Zug hielt, und warum? das war nun die Frage. Auf drei Stellen hatte Regenwasser die Bahn unterwühlt und Lücken von 1½ Fuß Tiefe gemacht. Einige Eisenbahnschienen waren gebogen und eine sogar gebrochen. Das gab eine unangenehme Unterbrechung. Gottlob, daß kein Unglück vorkam, denn die Bahn geht auf einem 5 Fuß hohen Damm. Man weiß den Schaden auszubessern, aber in einer halben Stunde sind wir wieder in gleicher Lage. Arbeiter sind beschäftigt Hilfe zu leisten und während die Passagiere eine Strecke zu Fuß gehen, weiß man auch Rat den Zug herüber zu bringen. Lange fuhren wir in einer ganz unbebauten Gegend, dann zeigten sich Spuren von Ansiedlern, die anfingen sich eine Heimat zu begründen.

Diese Störung durch Unfälle hatte eine verspätete Ankunft für unser heutiges Reiseziel zur Folge. Abends gingen wir bei Moorhead über den Red River und nächtigten auf der Dakota Seite in Fargo in einem neuen von der Pacific Eisenbahngesellschaft schön geräumig erbauten Gasthof, Headquarters Hotel. Hier trafen wir Bruder J. F. Funk mit den übrigen unserer Deputierten. Ihre Zahl war gleich derjenigen, die auf der Reise durch die Wüste einst ausgesandt wurden, das gelobte Land zu erkundigen. Ich lasse hier, wo sie sich vereinigten, ihre Namen folgen: Wilhelm Ewert, Jacob Buller, Tobias Unruh, Andreas Schrag, Jacob Peters, Heinrich Wiebe, Cornel. Bour, Cornelius Toews, David Claassen, Paul Tschetter, Lorenz Tschetter, Leonhard Sudermann. — Der erste war von d.n west-preußischen Mennoniten bevollmächtigt, der zweite und letzte von der Molotschna, Süd-Rußland, der dritte und vierte von unsern Glaubensbrüdern in Wolhynien, West-Rußland, der fünfte, sechste und siebente von Bergthal, Mariapol, Süd-Rußland, der achte und neunte von der sogenannten Kleinen Gemeine, Süd-Rußland, der zehnte und elfte von den Hutterschen Brüdern im Taurischen Gouvernement, Süd-Rußland. — Außerdem befanden sich noch in der Reisegesellschaft Br. Jacob Schantz, Br. J. F. Funk und N. N. Lethermann.

Den 10. und 11. Juni benutzten wir unter der Leitung eines Herrn Power, ein Angestellter dieser Eisenbahngesellschaft einen Zug zu einer Reise westlich in den Staat Dakota. Wir fanden hier eine offene Prärie, sehr geeignet zu einer Ansiedlung, in größerem Maßstabe ein Platz der insofern unserm Bedürfnis entsprach, als wir den Wunsch hatten, ähnlich wie in Rußland auf einer Stelle in Gemeinschaft uns anzusiedeln. Eine schöne Prärie, die aber noch zum größten Teil unter Wasser war, was uns zu dem Schluß brachte, als wir den Wasserstand in den Flußbetten verhältnismäßig auffallend niedrig fanden, daß der Untergrund nicht durchlässig sei. Nur auf ganz vereinzelten Stellen waren Spuren einzelner Ansiedler bemerkbar. Einige nicht unbedeutende Seeen mit Salzwasser waren auch da, weiter westlich war das Terrain mehr gebrochen; wir fanden auch Hügel die den Mohillen in Süd-Rußland sehr ähnlich waren.

Wir nächtigten am Cheyenne River, 66 Meilen von Fargo, und setzten folgenden Tages unsern Weg noch 40 Meilen weiter fort, kehrten bei neuen Ansiedlern ein und sahen uns die Anfänge an, die uns später auch bevorstehen möchten. Wir hielten an einer Stelle, wo eine Anzahl Eisenbahnarbeiter beschäftigt waren, mit ihnen Mittag, in einem Hotel, das auf einem Frachtwagen stand und kamen erst den 12. morgens 2½ Uhr wieder zurück. Alles neu und unentwickelt, nur die großen Bäume an den Flüssen: Eschen, Eichen, Ulmen und manch unbekanntes Laub, dazu die Brom- und Himbeeren und wilden Rosen, sagten uns, daß sie hier schon lange daheim waren.

Morgens wurde der Entschluß gefaßt, zunächst nun die Reise nach Manitoba zu unternehmen. Das Dampfboot, daß wir zu dieser Reise benutzen wollten, kam heute Morgen von Fort Garry hier an und ist bereit uns Morgen auf der Fahrt nach Norden längs dem Red River stromabwärts nach Winnipeg mitzunehmen. Bis dahin wurde noch die Zeit benutzt kurze Wagentouren zu machen, oder auch in der Nähe der Stadt Farmen zu besuchen, oder auch Briefe an die Lieben daheim zu schreiben.

Man erzählt uns, daß unweit Glyndon, nördlich von der Eisenbahn, eine englische Ansiedlung von circa 1,000 Familien sein soll. Auch daß es im Winter wohl 30 Gr., auch noch darüber, kalt wird; die Kälte aber, bei windstillem Wetter weniger empfindlich sei.

Den 13. Juni gingen wir morgens ¾8 Uhr auf das Flußboot International, das uns nach Manitoba bringen sollte. Außer uns Zwölfen begleiteten uns Br. J. Y. Schantz, Br. J. F. Funk, Herr Hiller, Herr Hespler und sein Neffe.—Herr unser Gott, gieb Mut, Ausdauer und Gelingen zu unserm Werk! Eisenbahnen gehen noch nicht weiter in den Norden, stehen aber in Aussicht und sind bereits in Angriff genommen, unter anderm eine, die Fort Garry mit dem Superiorsee verbinden soll. Das Schiff, das wir benutzen ist Eigentum der Hudson Bay Company, darf aber unter amerikanischer Flagge fahren weil einer von ihren Agenten ein amerikanischer Bürger ist. Es hat in der Mitte einen Raum von 33 Schritt Länge und 1 Fuß Breite, der zum Speisesaal dient. Unmittelbar an beiden Seiten sind die Kajüten für die Passagiere, 18 für Männer und 6 für Frauen. Neben den Kajüten ist noch ein schmaler Gang an beiden Seiten des Schiffes. Neun Eisenbahnwagen, die die Güter für unser Schiff (mitzunehmen) brachten, wurden (von der Bahn) leer gemacht.

Der Agent erzählt, daß vor 14 Tagen etwa 70 Indianer nach Fort Garry kamen, die dort bei der canadischen Regierung ein Gesuch um Land zur Ansiedlung stellten. Die Regierung hatte jeder Familie von 5 Seelen 80 Acker bewilligt. Darüber waren die Indianer so glücklich, daß sie ihre Freude in lautem Jubel ausbrechen ließen. Auf dies

Weise befreundet man sich mit diesen Ureinwohnern und sie sind nicht unduldsam im Umgang.

Erst um 2 Uhr nachmittags kamen wir zur Abreise. Der Fluß macht gewaltige Krümmungen und erfordert einen gewandten Steuermann. Oft fahren wir direkt nach Süden wenngleich unser Weg nach Norden geht. Die Ufer des Flusses sind mit Holz bewachsen, große Ulmen spielen die Hauptrolle, aber auch Linden und Weiden sind da in Bäumen und Sträuchern und Brom- und Himbeeren in Unmasse, die seiner Zeit einen lohnenden Genuß versprechen. Auf den Anhaltspunkten liegt das Holz die Dampfkessel zu speisen vorrätig und die Passagiere haben Zeit während es eingeladen wird, kurze Spaziergänge in die Umgegend zu machen und bringen hübsche Blumen mit, roten Okulei und weiße Wicken. Die canadische Regierung hat der Hudson Bay Company ein Terrain abgekauft und dasselbe mit 300,000 Pfund Sterling bezahlt.

Die Wasserfahrt an den reichbewaldeten Ufern ist interessant, sie könnte für eine Vergnügungsreise gelten; mitunter begegnen wir auf der Fahrt ein ähnliches Boot wie das unsrige das in entgegengesetzter Richtung fährt; dann wird angehalten, denn wenn das Boot neben sich noch eine Barke mit Bauholz im Schlepptau hat, beherrscht das Gefährt schier das ganze Flußbett und es ist Vorsicht geboten, daß man bei der Kreuzung einander nicht Schaden zufügt. Einmal fuhren wir uns auch auf einer flachen Stelle fest und es kostete Mühe, Anstrengung und Zeit, das Boot wieder flott zu machen.

Den 15. Juni.—Es war Sonntag. Ich dachte, als ich vom Schlafe erwachte, an meine Heimat und Familie und Gemeine. Wenn wir hier am Morgen auch schon beizeiten erwachen, ist es daheim schon Nachmittag. Darum ist ein Gebet um den göttlichen Segen für Familie und Gemeine schon am gestrigen Abend zum Geber aller guten Gaben emporgeschickt. Br. Funk hatte bei dem Schiffskapitän um Erlaubnis zu einem Gottesdienst angehalten; sie wurde bereitwillig erteilt. Die geeignetste Zeit, sei, wie man glaubte, der Nachmittag. Herr Heßpler übernahm es, die Leute auf dem Schiff damit bekannt zu machen, daß eine Erbauung stattfinden sollte, worauf man sich zahlreich versammelte. Ein englisches Lied wurde gesungen und Br. Funk las den 91. Psalm und forderte dann die Versammlung auf zum Gebet die Kniee zu beugen, was dann mit wenigen Ausnahmen allgemein auch geschah. Nach einer kurzen Vorrede sprach er über 1. Tim. 1, 15 mit ernster lauter Stimme. Alle waren aufmerksam, obgleich die Ansprache nicht kurz war; darauf benutzte ich denselben Text zu einer Ansprache in deutscher Sprache worauf Br. Wilh. Ewert noch über Matth. 13, 45. 46 redete. Der letzte Redner hielt dann noch das Schlußgebet, nachdem noch einige Verse in englischer Sprache gesungen wurden. Zwischen Bruder Funk und mir sangen wir in deutsch das Lied: „Was kann es Schönres geben.“ Als der Gottesdienst begann, wurde die Maschine still gestellt und nur erst als Br. Ewert bald beendigte, wurde sie wieder los gelassen.

Den 16. kamen wir morgens nach Pembino. Hier wurde auf drei Stellen Fracht ausgeladen, Mehlfässer und Mehlsäcke und auch einige Nähmaschinen. Bald nach Mittag ging es über die Grenze ins canadische Gebiet in die Provinz Manitoba hinein. An einem Haltepunkt gingen wir in ein Blockhaus, dessen Bewohner Mischlinge waren, zur römischen Kirche gehörig. Ihr Priester wohnte in der Nähe. Eine alte Großmutter, wie man sagte schon 100 Jahre alt, hatte ganz rabenschwarzes Haar Ihr Großvater war ein Franzose, ihre Großtöchter waren Frauen in den mittleren Jahren. Ein kleines Weizenfeld und eine unbedeutende Kornanpflanzung zeigten uns Spuren von angehender Kultur.

Den 17. gingen wir schon früh bei Fort Garry über und kamen unmittelbar darauf in Winnipeg an. Wir sind im Davis Hotel eingekehrt und nachdem wir gefrühstückt haben, sehen wir uns die neue Stadt an, ich gehe zu einem Schneider und gebe ihm meinen schadhaft gewordenen Rock zum Ausbessern. Es werden einige Sägemühlen angesehen und unterdeß kommt Herr Hespler mit einem Wagen und fordert Br. Schantz und mich auf zu einer Fahrt zum Gouverneur. Herr Hespler stellt uns demselben vor und berichtet ihm von unserer Reise und Reiseaufgabe. Er entläßt uns mit dem Wunsche, daß er uns, nachdem wir das Land bereist und uns angesehen haben, noch sehen möchte. Das Haus dieses Beamten war im baulichen Zustande, auf die vorhandenen zwei, wurde noch ein dritter Stock gesetzt. Im Garten wachsen Pflaumen und Pfirsichbäume, Himbeeren und Johannesbeersträucher und verschiedenes Gartengemüse. Der Hofplatz ist mit üppigem Merl bewachsen.

Zurückgekehrt von dieser Fahrt, werden wir alle zum Staatsanwalt Herrn Clark gerufen; er ist der erste Beamte nach dem Gouverneur und Präsident dieser Provinz. Es finden sich bei ihm noch verschiedene Herren ein, wir werden gastlich aufgenommen und mit Kuchen und Wein bewirtet.

Die Herren teilen uns mit, daß zu Gunsten dieser Provinz nordwestlich von Manitoba, 30 Meilen von der Grenze, ein Kohlenlager entdeckt sei, welches lohnende Ausbeute verspricht. Außerdem sei auch Eisen in der Nähe; auch habe man in derselben Gegend einen schönen feinen Sand, der neben den Kohlen eine Porzelan- und Glasfabrik in Aussicht stelle. Ebenso sei für den Absatz der Produkte in Manitoba gute Aussicht, indem man eine Bahn zu bauen beabsichtige bis an den See der Wälder, 90 Meilen, von wo aus man schon eine Wasserverbindung mit dem Superiorsee habe. Er versprach die Einwanderer von Toronto unentgeltlich zu befördern bis an den Ansiedlungsplatz. Nur sollten diese die nötigen Speisen kaufen, die ihnen aber von der Regierung, an den Anhaltspunkten, von dazu angestellten Personen, zum Kostenpreis verabreicht würden. Nachmittag machten wir eine Fahrt nordwestlich von der Stadt, wo wir eine schöne Ebene durchfuhren und auch ein Feld Sommerweizen trafen, welcher üppig im Wachstum stand. Wir fuhren bis an den Assiniboia, der unweit der Stadt in den Red River mündet und nahmen längs dieses Flusses den Rückweg, wo wir näher nach der Stadt gut angebaute Farmen antrafen, die ein freundliches Aussehen hatten. Es war Abend als wir wieder unser Quartier erreicht hatten, nachdem wir die erste Ausflucht in die Ländereien Manitobas gemacht hatten.

Für den 18. war eine Reise in die uns von der Regierung reservierten Ländereien geplant. Fünf Wagen mit 3 und 4 Sitzen, waren dazu gerüstet. Wir nahmen unsere Tour östlich, unmittelbar über den Red River durch St. Boniface, einem römischen Kloster. Als wir um 8 Uhr die Wagen bestiegen, war ein Photograph bereit die ganze Expedition abzukonterfeien. Die Reisegesellschaft bestand aus 24 Personen. Wir hatten etwa 10 Meilen zurückgelegt, da wurde an einem Townshippfosten – das Land war bereits alles vermessen — angehalten, denn es war Mittagszeit. Unterwegs ging ein schöner Regen durch's Land der uns gewiß gründlich durchnäßt hätte, wenn wir nicht mit Decken und Büffelhäuten versehen, uns genügend zu schützen eingerichtet wären. Als wir darauf zur Weiterreise aufbrachen, gerieten wir ungeachtet kundiger Führer, in dieser menschenleeren Wüste, auf einen falschen Weg und fuhren den ganzen Nachmittag bis zum Sonnenuntergang mehr oder weniger auf einem mit Wasser bedeckten Boden, der mitunter so sumpfig war, daß die Pferde schier versanken und wir somit genötigt waren lange Strecken zu Fuß zurückzulegen, was zuletzt recht ermüdend war Glücklicherweise kamen wir noch mit der Dämmerung an einen Platz, an dem wir Häuser und Menschen antrafen. An einem Emigrantenhause, in dem wir für unsere zahlreiche Gesellschaft genügend Unterkunft gefunden hätten, verweigerte man uns die Aufnahme, da die Bewohner, ihrer Instruktionen gemäß, nur Reisende mit Legitimationen aufnehmen durften, die unsere Führer versäumt hatten sich zu verschaffen. Nebenbei war glücklicherweise ein Laden, Eigentum der Hudson Bay Company.

Der freundliche Wirt war bereit uns Herberge zu geben, wenn wir mit einem Logis, wie er es uns bieten konnte, fürlieb nehmen wollten. Wir waren sehr zufrieden mit diesem Anerbieten, denn Zelte aufzuschlagen darinnen zu nächtigen, wäre auf diesem Platz nicht gut möglich gewesen, des sumpfigen, morastigen Bodens wegen. Uebrigens waren wir für ein Nachtlager gut eingerichtet, und das Abendessen ließ, den Verhältnissen nach, auch nichts zu wünschen übrig. Thee, Butterbrot und Eier, waren zur Genüge vorhanden.

Am folgenden Morgen, den 19. Juni, gestanden wir uns, nach dem Marsch am gestrigen Tage ausgezeichnet geschlafen zu haben. Das war des Dankes wert, zu dem wir uns gemeinsam vereinigten. Der 191. Psalm gab uns dazu eine schöne Anleitung. Wenn wir aber über die Erfahrungen des gestrigen Tages nachdachten und ein vorläufiges Urteil über das Terrain, das wir bereist hatten bildeten, das uns zu einem Ansiedlungsplatz angewiesen und empfohlen wurde, waren wir doch ziemlich entmutigt. In der zweiten Hälfte des Juni-Monats, wo man in Süd-Rußland die Felder schon reif zur Ernte sehen kann, war hier der Boden noch in solchem Zustande, der noch wenig Aussicht gab, ihn zur Sommerfrucht zu bearbeiten. Hier galt es nun aber in Gottes Namen weiter zu untersuchen und zu prüfen, denn das war uns doch zur Aufgabe gemacht. Wir können nicht gleich am Morgen unsere Reise fortsetzen, zwei Proviantwagen, die wir bis jetzt noch nicht in unserem Reisezug hatten, müssen noch abgewartet werden. Man bemerkt hier nur wenige Vögel; nur sehr vereinzelt kommen uns wilde Enten, Schnepfen und Präriehühner zu Gesicht. An den bewaldeten Ufern des Red River sind die wilden Tauben häufig.

Nachmittag setzen wir unsere Reise fort; wir bilden eine vollständige Karawane und sind mit allem Nötigen genügend versehen. Zwölf Büffelhäute, eine Anzahl Wolldecken, Teller, Messer und Gabeln, Löffel rc.; den schon genannten Passagierwagen schließen sich jetzt noch zwei Proviantwagen an. Abends mit Sonnenuntergang sind wir beinahe an der nordöstlichen Ecke, des für uns reservierten Landes angekommen, haben fünf Zelte aufgeschlagen und ein Feuer, unser Abendessen zu kochen, angezündet. Als der Thee fertig ist, werfen wir Gras ins Feuer, damit wir die Moskitos möglichst fern halten, die uns und unsern Pferden und Mauleseln keine Ruhe lassen. Auf diese Weise wird es uns möglich unser Abendbrot zu verzehren. Nachdem wir dem Magen sein Bedürfnis gestillt, vereinigen wir uns, unsern Gott zu loben mit Liedern. So tönten die ersten Lieder zum Lobe des Herrn und Seiner barmherzigen Liebe von armen Sünderlippen in der Wüste Manitobas. Möchten später, gefällt's dem Herrn, wenn wir, oder unsere Brüder hier wohnen sollen, alle Herzen es bestätigen: Das einige Notwendige ist Christo teilhaftig sein. Und daß man Ihm behändige Leib, Seele und Gebein; da geht man seinen Gang gewiß. So gingen wir in unsere Zelte und beugten, bevor wir uns zur Ruhe begaben, unsere Kniee vor dem Herrn zu Dank und Bitte, für uns und die Unsrigen.

Den 20. Juni.—Wir hatten schon um 6 Uhr das Frühstück genommen, waren um 7 Uhr zum Aufbruch gerüstet und nahmen zunächst die Tour längs der östlichen Seite unserer Reservation. Eine Strecke gefahren, trafen wir einen englischen Farmer, der eine deutsche Frau hat. In der Nähe seiner Ansiedlung war eine Quelle, auch etwas Waldung. Ueber eine Vertiefung führte eine Brücke. Das kleine Häuschen war reinlich, wie seine Wirtin. Zu einem größeren Hause war das Holz schon bereit. Auf der Stelle, wo wir Mittag hielten, stand uns auch eine Quelle zu Gebot. Es waren auch Bäume da und in der Ferne sahen wir eine Nadelholzwaldung. Nachmittag mußten wir über einen kleinen Fluß der recht sumpfige Ufer hatte. Es wurde mit der Sense hohes Gras gemäht, welches angewandt wurde die Durchfahrt zu erleichtern; das nahm Zeit und Arbeit in Anspruch. Mit unserer Herberge für die folgende Nacht waren wir nicht zu beneiden. Die Moskitos ließen uns in unsern Zelten keine Ruhe. Ihre Zudringlichkeit überschritt alle Grenzen der Bescheidenheit und Genügsamkeit. Es waren zu Viele um sie befriedigen zu können. Völlig angekleidet, die Hüte auf dem Kopf, mit Netzen vor dem Gesicht, war es doch unmöglich sich vor diesen Zudringlingen zu schützen; somit begrüßten wir den neuanbrechenden Morgen mit Freuden.

Den 21. Juni. — Wir haben auf unserer Untersuchungsreise von acht Townships, bis jetzt nur erst vier berührt. Doch wird der Beschluß gefaßt zurück nach Winnipeg zu gehen, wozu wir den ganzen Tag schon nötig haben. Auf der nächsten Station wird beraten, wie wir uns für den nächsten Montag den Plan machen wollen. Br. Ewert, die beiden Brüder Tschetter und Unruh wollen mit diesem, hier in Manitoba es als beendigt ansehen und entschließen sich zurück nach Dakota zu gehen. Die Uebrigen geben dem Wunsch der Herren von der Regierung nach, die den Vorschlag machen noch eine Tour westlich von Winnipeg zu unternehmen. Man wünscht, daß man sich entscheide, damit man demgemäß die Vorbereitungen für die nächste Woche zu machen im Stande sei. Als wir abends Winnipeg erreichen, erfahren wir, daß nachts ein Dampfschiff nach Fargo abgeht. Das wollen die Brüder benutzen, und rüsten sich zur Abreise. Es wird beschlossen, daß, während wir hier die Reise nach Westen unternehmen, sie sich Dakota näher ansehen wollen, später vereinigen wir uns dann noch zu einer weitern Untersuchung.

Den 22. Juni. — Es ist Sonntag, wir haben uns nachts ausgeruht, wenngleich unser Quartier nur mangelhaft ist, doch haben wir Ursache zufrieden zu sein. Ich habe mir nach dem Frühstück das 12. Kapitel im Ev. Joh. gelesen und mich dann im Geiste mit meinen Gedanken in die liebe Heimat versetzt. Br. Schantz und Br. Hein. Wiebe besuchen einen englischen Gottesdienst, ich ziehe es vor einen Spaziergang ins Freie zu machen, da ich eine Predigt in englischer Sprache nicht verstehe. Winnipeg ist in der Ferne von allen Seiten mit Wald umgeben. Pappeln, Eschen und Eichen, dazu Weiden in Bäumen und Sträuchern. Mannigfaltige Rosen wachsen auf der Prärie wild. Die Geschäfte im Städtchen sind am Sonntage alle geschlossen und auch die Billiardtische in unserem Quartier und in der Nachbarschaft feiern. Nachmittag gehe ich mit Br. Schantz in eine Methodistenversammlung. Die freundliche Kirche ist ziemlich mit Zuhörern besetzt; sie sitzen in den Bänken gemischt; neben mir sitzt eine Indianerin. Der Gesang wird mit einer kleinen Orgel begleitet und zwei mal knieend gebetet. Der Prediger verhandelt das Nikodemus-Evangelium. Zur einfachen Kanzel führen fünf Stufen. Auf einer Erhöhung von zwei Stufen steht ein Tisch mit einer roten Decke. Die Erhöhung ist mit einem Geländer begrenzt und mit einem

Teppich bedeckt. Die Fenster im gothischen Styl sind von farbigem Glas. Von dem Gottesdienst erhält man einen guten Eindruck.

Den 23. Juni. — Vorbereitungen zur Reise, dazu Regenwetter, zwingen uns den Vormittag noch zu opfern; das übt im Sterben, wenn man gerne vorwärts möchte und bedenkt wie man daheim wartet. Nachmittag wird mit vier Personen und zwei Proviantwagen um 2 Uhr aufgebrochen. Unser Weg geht längs dem Assiniboia in einer Entfernung von etwa einer engl. Meile. Wir haben bis zum Abend nur elf Meilen zurück gelegt. Der Boden ist gut und nur wenig gebrochen. Der Graswuchs befriedigend, auch unsere russische Steppnadel finden wir hier.

Den 24. brechen wir schon um 6 Uhr auf, warten aber doch noch 2 Stunden um unsere zurückgebliebene Reisegesellschaft zum Anschluß abzuwarten. Ein schöner Morgen, und mit ihm die gute Hoffnung, daß unsere Reise gewünscht vonstatten geht. Wir sind etwa 30 Meilen von Winnepeg gefahren, da befinden wir uns auf einer großen Ebene, die zur rechten Seite eine Waldung begrenzt, nach der Aussage unseres Fuhrmannes, in der Entfernung von 12 Meilen. Der Assiniboia, dem wir entlang fahren, ist mit Holz bewachsen, namentlich auf der entgegengesetzten Seite sind große dicke Bäume. Aus dieser Gegend bezieht auch Winnepeg sein Eichenholz. Der Graswuchs auf der Prärie ist ausgezeichnet. Wir treffen einen See, Long Lake; neben ihm weidet eine Viehherde. Dreiundvierzig Meilen von der Hauptstadt machen wir Station in Poplar Point. Dreiundfünfzig Meilen weiter nehmen wir bei einem irländischen Farmer Herberge; der ist schon entsprechend eingerichtet, hat ein gutes Haus und einen guten Viehstand aber auch eine Schenke. Vier von uns zogen es vor, anstatt der Zelte, angebotene Schlafstätten im Hause zu benutzen, da konnten wir uns nachts gut ausruhen.

Den 25. kommen wir erst um 8 Uhr zum Aufbruch. Zwei Pferde sind fort, die müssen erst gesucht werden. Wir machen einen Abstecher in die Prärie und suchen Herrn Hesplers und Br. Schantzens Land auf, treffen zunächst einen Farmer der im vergangenen Jahre hierher kam, sich notdürftig einrichtete und mit seinem Bruder so viel Land brach, daß sie hundert Buschel Weizen säen konnten. Der Brunnen neben seinem Hause ist 12 Fuß tief und hat gutes Wasser. Darauf treffen wir einen Zeltbewohner; von seinem Blockhaus steht schon der Rumpf, es fehlt aber noch das Dach Seine Frau hat den Vater in der Nähe wohnen. Sie kommen von Neu Braunschweig und bauen sich langsam an. Wir fahren eine Strecke durch hohen Schmalee, der bis an die Wagenachsen reicht, und kommen zu einem Farmer, der in einem Blockhaus gut eingerichtet ist und zu wirtschaftlichen Bauten das Holz bereits vorrätig hat. Die freundliche Frau trägt Stühle zu und nötigt uns zum Sitzen. Wir haben auch Zeit die Gastfreundschaft anzunehmen unterdeß die Pferde gefüttert werden und auch wir das Bedürfnis unseres Magens mit Butterbrot, Käse und einem frischen Trunk stillen.

Der Boden ist eben, hat gute schwarze Erde. Hinter dem Hause des Farmers ist ein ansehnlicher Busch, der ihm vorläufig den Garten in etwas ersetzt; man findet Ulmen Eichen, Eschen, wilde Kirschen und Weißdorn. Wir treffen, nachdem wir wieder unsern Weg fortsetzen, zuerst Herrn Hesplers, dann Br. Schantzens Sektion. Wir untersuchen den Boden, finden auf einer niedrigen Stelle nur einen Fuß schwarze Erde, an einer höheren war zwei Fuß Humus und unter demselben sandiger Lehm. Darauf geht es wieder auf den großen Weg, den wir verlassen haben und fahren eine Strecke längs dem Rattenfluß. Dann kommen wir zu einem Farmer, der schon ein gutes Haus hat; wir finden bei ihm einen Landmesser, dem wir schon in Winnipeg begegneten. Ein zugedeckter Brunnen, von dem wir den Deckel abheben ist am Rande noch ansehnlich mit Eis befroren. Von hier bietet die Gegend mehr Abwechselung. Ein Farmer, der schon zwölf Jahre in dieser Gegend lebt und früher bei der Hudson Bay Gesellschaft angestellt war, jetzt aber seit zwei Jahren ein eigenes Heim begründet hat, pflügt mit zwei Pferden und ein junger Mann neben ihm auf demselben Stück mit zwei Ochsen. Wir halten an und versuchen den amerikanischen Pflug in amerikanischem Boden. Dann führt uns der Weg zwischen Bäumen und Baumstumpen über ein kleines Flüßchen bei mehreren Farmen, vorbei an einen größeren Fluß, den Whitemouth River. Die Brücke über denselben ist im Bau; wir fahren durch Wasser, das bis an die Wagenachsen reicht; der Untergrund ist fest. Zum Nachtquartier machen wir Halt bei einem Laden der Hudson Bay Company.

Ueber den Fluß sehen wir eine Kirche, die der englischen Mission gehört, welche hier eine Station unter den Mischlingen hat. In einiger Entfernung vom Fluß sehen wir zwölf bewohnte Indianerzelte. Neben uns sitzen oder stehen ein Dutzend Halbindianer, etwas weiter sehen wir ihre Kinder spielen. Das Feuer, auf dem unser Thee bereitet wird, räuchert uns einigermaßen die Moskitos vom Leibe. Während ich meine Notizen schreibe werden Zelte zur Nachtherberge aufgeschlagen. Wir nehmen unser Abendessen, empfehlen uns dem göttlichen Schutze und begeben uns dann zur Ruhe. Mit unsern Herzen sind wir bei den lieben Unsrigen daheim. Der Regen, der mit Gewitter aufkam, treibt uns in die Zelte, denn wir sind in denselben vor ihm besser geschützt als vor den fatalen Moskitos.

Den 26. ist uns ein freundlicher Tag angebrochen und wir gehen hoffnungsvoll an unser Tagewerk. Um 6 Uhr sind wir zum Aufbruch fertig und kommen um 11 Uhr wieder an den Whitemouth River. Am Flusse wird Station gemacht. Wir sehen nach Westen in einer Entfernung von 15 Meilen einen Bergrücken. Ein junger Schweizer, den wir hier treffen, und der schon in Jowa und Minnesota war, giebt dieser Gegend den Vorzug; hat Land angenommen und pflügt bereits seinen Acker. Er sagt, der Winter sei hier wohl kälter, aber verhältnismäßig mild. Wir treffen heute auf unserm Weg viel Waldung, blühende Rosen und andere bekannte Blumenarten. Nachdem wir nachmittags 15 Meilen gefahren haben, sind wir an eine Hochebene angekommen, die ungefähr 20 Meilen lang ist, von der einen Seite mit Pappeln und von der andern vom Whitemouth River begrenzt, dessen Bett etwa 50 Fuß tief liegt. Der Bergrücken hat uns, was die erwähnte Entfernung anbetrifft, aber sehr getäuscht; es sind jetzt noch mehr als 16 Meilen bis wir ihn erreichen. Es scheint ein nicht unbedeutendes Gebirge zu sein. Wir, Br. Buller und ich, kommen heute noch zu dem Entschluß, weil die vorgeschlagenen 14

Townships uns zur Besichtigung unwichtig erscheinen, am nächsten Morgen besser den Rückweg anzutreten, damit wir auf jeden Fall den Anschluß mit unsern Brüdern nicht versäumen, die voraus nach Dakota gegangen sind. Wir freuen uns, daß Bruder Schantz sich uns anschließen will.

Den 27.—Somit trennen wir uns heute von unserer gegenwärtigen Reisegesellschaft und haben in Manitoba vorläufig zum letzten Mal sehr gut und ohne Moskitos in Zelten geschlafen. Es bleiben also nun nur noch die Brüder aus der Bergthaler Gemeine zur Weiterreise entschlossen. Es scheint, als wenn sie sich mit ihrer Ansiedlung für Manitoba entscheiden werden. Am Abend sind wir heute nur 32 Meilen gefahren und übernachten auf der bekannten Stelle von gestern Morgen.

Den 28.—Als wir heute Morgen angekleidet sind und uns Gott befohlen haben für den bevorstehenden Tag, ist es sechs Uhr. Unser Fuhrmann schläft noch, er hat nicht Eile und scheint sie überhaupt nicht zu haben, wie man früher schon merken konnte und wie es sich gestern auch erwieß. Er teilte mit seinen Wünschen nicht die Unsrigen für diesen bevorstehenden Tag. Wir wären schon gerne noch viel früher aufgebrochen; uns war die Zeit teuer, denn wir fürchteten den Anschluß zu verspäten. Er rechnet mit ganz andern Zahlen und denkt, wenn's nicht so eilt gewinnt er mit seinem Tagelohn einen Tag mehr und seine Pferde haben es dabei auch besser. Endlich sehen wir ihn zu unserer Freude mit den Pferden umgehen. Er führt sie vor und legt die Halskoppeln an. Dabei kommt ihm etwas Anderes in den Sinn. Er geht an den Wagen und sucht etwas, findet den Wagenschlüssel und macht Anstalten die Achsen zu schmieren.

Das könnte nach unserm Urteil übrigens schon längst geschehen sein, er saß vorhin lange vor der Thür und hatte nichts zu thun; aber man vergißt mitunter auch etwas. Nun ist die Schraube von der Achse und das Rad ist abgezogen, da ist ihm unterdessen ein anderer Gedanke gekommen. Er läßt die Arbeit und geht zu Br. Schantz, der in der Nähe vom Wagen sich befindet. Er hat gewiß etwas Nötiges zu besprechen; als das geschehen, denkt er über das Gehörte nach, endlich geht er wieder an die angefangene Arbeit. Es eilt ja nicht. Endlich sind die vier Räder geschmiert. Darauf wird das Anspannen wieder vorgenommen und schließlich kommen wir auch zur Abfahrt.

Unser Weg führt, ganz nahe unserer Nachtherberge durch einen Fluß. Unser Kutscher zieht es vor, die Pferde bei der Durchfahrt erst zu tränken; es ist bequemer, man kann es so im Sitzen abmachen. Es wird beim Fahren besprochen wann wir Winnipeg erreichen könnten; es sind von unserm Nachtquartier bis dort noch 84 Meilen zurückzulegen. Unser Fuhrmann berechnet für die Tour noch 2½ Tage. Wir handeln mit ihm-- Br. Schantz ist unser Dolmetscher—ob er es nicht in zwei Tagen machen könne. Er meint jedoch, das ginge über seine Kräfte. Wir haben 24 Meilen bis zur nächsten Station und sind, nachdem wir fünf Meilen gefahren, aus dem Gebüsch in die offene Prärie gekommen, die wir circa 18 Meilen bis nach Portage entlang fahren auf vollständig unbesiedelter Länderfläche. Rechts sehen wir in der Ferne die Waldung am Assiniboia, welche, wie man sagt, mitunter die Breite von sieben Meilen haben soll; links die offene Prärie, auf welcher, so weit das Auge reicht, keine Ansiedlung bemerkbar ist. Dieser Platz, den wir wegen des

Abstechers auf Hesplers und Schantzens Land, auf dem Hinwege nicht passierten, würde sich zu einer Ansiedlung eignen, doch sagt man, daß man stellenweise kein Wasser findet und anderwärts das Wasser bitter sein soll. Es sind mitunter Vertiefungen die das überflüssige Regen- und Schneewasser ableiten.

In Portage, einem noch unbedeutenden Ort, halten wir um 1 Uhr Mittag. Unser Fuhrmann ist entschlossen hier nur zu übernachten. Br. Buller meint, wir wollen nur zu Fuß unsere Reise fortsetzen, doch wenn wir es recht überlegen, dann fügen wir uns in's Unvermeidliche. Wir haben ja beim Ausruhen auch eine gute Gelegenheit über die Wege des Herrn und Seine Führungen nachzudenken.

Gottes Führung fordert Stille;
  Wo der eig'ne Fuß noch rauscht
Wird des guten Gottes Wille
  Leicht mit eigner Wahl vertauscht.

Der Herr nimmt uns auf dieser Reise auch in verschiedener Hinsicht in die Schule. Zunächst sollen wir das Land und seine Bewohner kennen lernen, aber damit der Herr Seine Absicht an unserer Seele auch erreicht und wir zur rechten Beurteilung unserer Aufgabe auch fähig werden, sind auch verschiedene Prüfungen in der Ordnung, daß der Herr nur an uns Allen, Familie und Gemeine daheim nicht ausgenommen, mit dieser unserer Führung Seine gnädige Absicht auch erreichen möchte, das ist mein Wunsch und Gebet. Die lange Trennung von den l. Meinen, ach, wie dient sie mir zur Verleugnung.

und aus dem Grunde ist sie gut. Ich habe wohl zuzusehen, daß ich auf Kosten meiner Pflicht, nicht zu treiberisch bin. Das wäre für's Ganze ein Schade und für mich unverantwortlich. Auch an meinem Herzen würde die gnädige Absicht Gottes nicht erreicht. Wenn ich nun auf der ganzen Reise es bemerke, wie der Herr über Bitten und Verstehen immer gnädig geholfen und unsere Aufgabe bis jetzt gefördert hat, sollte ich ungeduldig sein, wenn's nun einmal gegen den eigenen Willen geht? — Herr Jesu, daß Dein Name verherrlicht werde an uns und durch uns bei dieser Reise, das wollest Du in Gnaden geben. — Zu solchen und ähnlichen Betrachtungen gab ja der Nachmittag Zeit und Gelegenheit.

Zwei kleine Dampfmühlen sind am Ort und wir ziehen den Schluß, wo solche nötig sind, muß auch Getreide wachsen, denn beide sind an der Arbeit. Eine Windmühle nach holländischer Bauart aufgeführt scheint unbrauchbar. Hinter einer der Mühlen zählen wir 35 Indianerzelte. Wir wundern uns, wie unser Gastwirt, der auch einen Laden hat, so wenig Vorsicht nötig hat, um Thür und Fenster vor ungebetenen Gästen zu schützen.

Den 29. — Wir sind also noch in Portage und halten hier in diesem guten Quartier Sonntag. Vor dem Frühstück wird das 16. Kapitel des Ev. Joh. gelesen und ein Gebet gehalten. Dann besuchen wir eine, eine engl. Meile entfernte, Episcopal-Kirche. Da es noch zu früh zum Gottesdienst ist, setzen wir uns unter einen Baum, in's Gras und warten es ab. Die Kirche ist nicht neu und hat kein gefälliges Aussehen. Die Glocke ist auf einer unbedachten turmartigen Erhöhung angebracht. Gegenüber der Kirche auf der andern Seite der Straße, zeichnet sich ein Haus vor den andern in Bauart aus. Es ist die Wohnung des Predigers. Zwei Thorwege führen auf seinen Hof, der eine ist von Staketen Das ganze Gehöft ist mit Bäumen beschattet, während die Kirche frei dasteht. Eine Sägemühle ist in einiger Entfernung am Assiniboia. Der Gesang im Gottesdienst wird mit einer Orgel begleitet. Der Prediger tritt in einem weißen Chorrock auf, der an beiden Seiten mit einem breiten schwarzen Swerl verziert ist. Nach dem Gesang folgt eine Liturgie in der der Prediger abwechselnd mit der Gemeine spricht. Es wurden mehrere Kapitel aus der Bibel gelesen, die zehn Gebote abwechselnd · mit Gesang hergesagt und zuletzt von der Kanzel aus eine Predigt gehalten über die Worte Salomos: „Es ist besser in ein Trauerhaus gehen denn in ein Haus der Freude."

Aus der Kirche in's Quartier gekommen wartet schon das Mittag auf uns. Der Nachmittag bietet Zeit zu mancherlei Erkundigungen. Br. Schantz spricht mit einem Manne, der meint, der Ertrag des Bodens hier sei nicht so besonders gut, es gebe vielleicht durchschnittlich vom Acker 24 Buschel Weizen. Ein anderer sagt, man habe während er hier wohnhaft, in einem Jahre 39 Buschel vom Acker gedroschen. Ein alter 78-jähriger Greis, beurteilt die Gegend längs dem Red River ertragreicher wie die hiesige; dort habe man einmal von 10 Buschel 400 geerntet. Unser Wirt hat zwei junge Waschbären an der Kette, die am Rattenfluß gefangen wurden, dort findet man auch Hirsche. Die Indianer sagen, da seien früher auch häufig Büffel gewesen. Ein freundlicher junger Mann, der uns zu sich einlud, erzählt, im Jahre 1858 seien die Heuschrecken in dieser Gegend eine große Plage gewesen. Damals habe man noch Mitte Juli Kartoffeln gepflanzt und damit noch einen möglichst guten Ertrag erzielt. Wassermelonen und Tomatoes sollen hier gut gedeihen. Ein Anderer behauptet, daß er von dem Ertrag seiner 160 Acker mit seiner Familie gut auskommt.

Den 30. Juni. — Als wir heute Mittag in Poplar Point füttern finden wir ein Feld Timothy mit Aehren von 4½ Zoll Länge. Wir hatten Nachtherberge 25 Meilen von Winnipeg, dort auch ein gutes Quartier, dabei ein Pferdestall mit 23 einspännigen Pferderäumen, einen Kaufladen und Wirtschaftsgebäude, die den Beweis von Wohlstand zeigen Um 6 Uhr ist das Abendessen: drei Eier, eine Kartoffel, Butterbrot, Pökelfleisch, zwei Tassen Thee und frische Erdbeeren als Beisatz. Eine Halbindianerin schenkt den Thee ein, eine zweite etwas ältere läßt sich sehen, die die Küche besorgt. Der ziemlich große Gemüsegarten ist mit Kopfkohl, Beeten, Schoten und Zwiebeln bepflanzt, die zwar üppig wachsen, aber nach unserem Urte l, der Jahreszeit nach, noch zurück sind. Auch sieht man nirgend Obstbäume, außer wilde Kirschen und Pflaumen in den Gebüschen; jedoch sind die Felder im üppigen Graswuchs und das Vieh hat eine ausgezeichnete Weide und sieht wohlgenährt aus. Die Kühe haben volle Euter. Unser Wirt sagt, er mache den ersten Versuch mit Wassermelonen, habe im vergangenen Jahre sehr gute auf der Ausstellung gesehen. Johannesbeeren wachsen in den Gebüschen.

Den 1. Juli.—Wir sind heute ausnahmsweise um 6 Uhr schon beim Frühstück. Die Halbindianerfrauen haben Alles gut und reinlich aufgetragen, die eine raucht, während sie uns den Thee einschenkt, ihr Pfeifchen. Unser Fuhrmann scheint sich heute einmal selbst zu übertreffen indem er rechtzeitig mit Allem fertig ist. Auf dem Wege begegnen wir, wie auch am vorigen Tage, ab und zu Leute, die in's Land gehen, Transporte zweirädriger Karren mit Halbind:anern die Pelzfelle hieher bringen; sie kommen, wie man sagt westlich von bis 600 Meilen. Dann wieder Einwandeier aus Canada, die bis Fargo die Reise per Bahn gemacht haben sich dort Ochsen zu $150 das Paar und Arbeitswagen zu $75 gekauft haben, und hier, mit allem Nötigen versehen sich auf die Ansiedlungsplätze in westlicher Richtung begeben. Wir kommen 11 Uhr mittags in Winnipeg an.

Es ist heute Festtag und Alles in Bewegung: Wettrennen zu Pferde und Wettlaufen und Springen. Viele vom Lande fahren in die Stadt festlich angethan und sind, als wir kamen neben uns gefahren oder uns auch vorbei gefahren. Glücklicherweise erfahren wir, daß abends ein Dampfschiff nach Fargo abgeht. Wir freuen uns und rüsten zur Abreise.

Wir verlassen Manitoba gerade als die Rosen in der schönsten Blüte stehen, die überall auf dem Wege, aus den Wäldern und Gebüschen uns anlachen. Das frühgesäete Getreide treibt Aehren, doch ist das meiste noch lange nicht so weit. Das Dampfboot sollte um 9 Uhr abends abgehen, aber eine Vergnügungsfahrt, die dem heutigen Festtag gilt, verspätet die Abreise. Wir gehen erst nachts um ½12 Uhr hinauf. Es regnet und ist sehr finster als wir vom freundlichen Gastwirt Abschied nehmen und nach dem

Boot gehen. Dort angekommen suchen wir unser Lager auf, bemerken aber, bevor wir einschlafen, daß das Boot sich in Bewegung setzt.

Den 2. Juli. — Die Reisegesellschaft ist nur klein, die Fracht unbedeutend. Zwei Barken im Schlepptau, geben aber der Maschine entsprechende Arbeit. Ein starker Südwind ist uns nicht günstig. Der üppige Graswuchs an den Ufern giebt uns schöne Augenweide. Die Weidengebüsche, die wir massenhaft an den Ufern sehen, geben ein gutes Material für den Korbmacher.

Den 3. Juli. — In der Nacht sind wir bei Pembino vorbei gekommen und nun wieder auf dem Boden der Vereinigten Staaten. Br. Schantz und Bruder Buller waren bei der Untersuchung der Koffer; ich schlief unterdessen noch schön. Ein Telegram von Winnipeg berichtet, daß unsere zurückgebliebene Reisegesellschaft auf einer Station ernstlich von Halbindianern beunruhigt worden sei. Einer der Fuhrleute habe mit einem Betrunkenen Händel bekommen der für Alle gefährlich hätte werden können, so daß man von Winnipeg Hilfe verlangte, um die, in einem Gasthof belagerten Reisenden, zu befreien. Der Vorfall war nicht in zu großer Entfernung von der Hauptstadt geschehen und wir konnten aus dieser Nachricht den Schluß ziehen, die übrigen unserer Brüder seien auch, als wir uns trennten, bald umgekehrt.

Der Kapitän unseres Bootes interessiert sich sehr für unsere Angelegenheit, mit der er durch Br. Schantz bekannt gemacht wird; er scheint Teilnehmer an dieser Schiffsgesellschaft zu sein, hat auch Sägemühlen an diesem Fluß und erbietet sich Bauholz zu einer etwaigen Ansiedlung liefern zu wollen.

Den 4. Juli. — Die Moskitos haben uns heute Morgen schon früh um 4 Uhr aus dem Bette getrieben. Die Fahrt ist angenehm, das Wetter freundlich, die großen Pappeln, Eichen, Ulmen, Eschen und Linden bieten dem Beobachter genügende Unterhaltung, namentlich wenn er aus der baumarmen Gegend des südlichen Rußland kommt.

Um 8 Uhr kommen wir an einen Ort der heißt Grand Forks. Die Häuser sind unvollkommen, doch ist ein Laden und eine Schenke da. Da das Schiff sich hier eine Stunde aufhält, gehen wir noch in der Nähe zu einem Farmer, der zeigt uns sein Haferfeld und wir sind voll Freude und Verwunderung über das üppige Wachstum. Der Hafer steht wie ein Schilf, will schon auf einigen Stellen sich lagern. Ein Kartoffelfeld nebenbei, erst vor vier Wochen gepflanzt, und jetzt zum Blühen bereit, ist zu bewundern. Welschkorn, Kopfkohl, Gurken und Melonen sind in üppigem Wachstum. Außerordentlich reich ist auch der Graswuchs. Der Red-Lake River ist ein schöner Fluß und mit kleinen Booten zu befahren. Eine Fähre geht hier über den Red River, die die Verbindung zwischen Dakota und Minnesota vermittelt. Bei Winnepeg ist er 330 Schritt breit. Von Winnepeg sind nach Fargo 224 Meilen, nach New York 2053 Meilen. Die Schifffahrt auf dem Red River begann in diesem Jahre am 25. April und wird im Herbst bis Mitte November fortgesetzt.

Sonntag den 6. Juli, morgens 3 Uhr kündigt die Schiffspfeife die Ankunft in Fargo an. Ich war bereits länger als eine Stunde auf den Beinen, denn die Moskitos ließen mir auf dem Lager keine Ruhe. So sind wir unter göttlichem Schutz und mit seiner gnädigen Hilfe bis hier gekommen, wo wir uns mit den vorangegangenen Brüdern vereinigen und mit ihnen in Gemeinschaft uns versammeln um Sonntag feiern zu können. Es kommen etwa 30 Personen zu einer Erbauung zusammen in dem geräumigen Saal des großen Hotels, Eigentum der Eisenbahngesellschaft. Ein junger Mann leitet den Gottesdienst in englischer Sprache. Der Nachmittag wurde benutzt zum Briefeschreiben in die liebe Heimat.

Den 7. Juli. — Jetzt gilt es den Staat Dakota etwas kennen zu lernen. Wir fahren morgens 6 Uhr mit der Eisenbahn 25 Meilen nach West. Da steben 2 Wagen bereit, auf welchen wir Platz nehmen um südlich in die noch offene Prärie zu fahren. Der Boden wird untersucht und wir finden zwei Fuß tief schwarze Erde. Auf einer anderen Stelle war der Boden mehr sandig. Es wird durch mehrere Vertiefungen gefahren in denen die Pferde jedoch nicht einsinken. Am Maple River, 13 Meilen von der Bahn machen wir unter Ulmen Station. Himbeeren, Stachelbeeren und Wein wachsen wild, wohlriechende Blumen und Sträucher, Rosen, dunkel= hell= und blaßrot, zieren die Wiese.

Herr Power hat für gutes Mittag gesorgt; der Koch backt uns frisches Brot und wir lassen uns gebratenen Schinken. Sardellen und Annanas, auch eingelegte Gurken gut schmecken. Als wir nach kurzer Fütterung wieder aufbrechen geht unser Weg längs dem Maple River. Seine kurzen Krümmungen würden dem Ansiedler auf vielen Stellen seine Farm vorteilhaft abgrenzen. Der blau= rot= und weißblühende Luzern wird im Kurzen seine Blüte zeigen und der

Prärie eine schöne Zierde sein. Die Eiskirsche mit ihren bescheidenen weiß und rot verzierten Blüten ist auch reichlich vertreten, auch die russische Steppnadel finden wir hier.

Abends sechs Uhr kommen wir bei zwei Zelten an, die für uns zum Uebernachten aufgeschlagen sind. Aus dem einen sieht uns der Koch, ein Halbneger, freundlich grüßend entgegen. Er ist bereits mit seiner Arbeit fertig und hat uns ein gutes Abendessen hergerichtet. Im Zelte hat er seine Küche und Tische und Bänke mit allem zu guter Bewirtung Nötigem: "Roast beef," Kartoffeln, Butter, Brot, gesottene Maiskörner, Pudding, Pastete, auch guten Kaffee. Als ich von letzterem mir die dritte Tasse ausbitte, freut er sich; als ich aber auch noch die vierte wünsche, mit dem Bemerken, er habe den Kaffee so gut gekocht, daß man davon gar nicht satt werden kann, muß er herzlich lachen.

Ein Rauchfeuer treibt den Pferden, die heute ihre Pflicht treu erfüllt haben, die Moskitos vom Leibe und ich benutze dasselbe und mache meine Notizen.

Dienstag den 7. Juli verlassen wir am Morgen unsere Zelte und gehen nach Norden, bis an den Rush River; dort treffen wir in einer Vertiefung einen mannhohen Graswuchs und reife Erdbeeren massenweise; die Pferde machen beim Zertreten mit den Füßen dieser schönen Frucht schier die Erde schlüpfrig; wir halten an, essen nach Herzenslust und nehmen noch einen Teil mit in vorhandenen Blecheimern.

Um 12 Uhr wird Mittag gehalten und nachmittags setzen wir unsere Tour fort. Der Graswuchs ist ausgezeichnet, blühende Rosen in der größten Mannigfaltigkeit, die auf vielen Stellen buchstäblich einen Rosenteppich bilden.

Nachmittag um 3 Uhr halten wir an einer Eisenbahnstation auf der die Wagen samt den Pferden die wir benutzt haben auf einen Frachtwagen geladen werden. Unterdessen sind wir in's Stationshaus eingetreten und warten auf den Zug mit dem wir noch diesen Abend nach Fargo zurückkehren. So nehmen wir denn diesesmal Abschied von Dakota. Werden wir es noch wiedersehen?

Den 10. Juli fahren wir, mit der Post, die mit vier Schimmel bespannt ist, welche vom Bock getrieben werden, um 10 Uhr morgens von Fargo ab, Breckenridge zu. Wir haben, da uns unser Weg längs dem Red River auf der Minnesota Seite nach Süden führt, auch Gelegenheit von diesem Staat schon noch etwas kennen zu lernen. In einer Entfernung von 15 bis 20 Meilen östlisch sehen wir das Gehölz vom Buffalo River. Die Prärie hat einen ausgezeichneten Graswuchs, viel blauen Luzern, auch reichlich unsere Steppnadel. Kleine Vertiefungen unterbrechen abwechselned die schöne Ebene, die noch offen zur Ansiedlung daliegt, bis auf einzelne Stellen am Flusse, die ihrer vorzüglichen Lage halber, bereits Eigentümer haben.

Auf eine solcher Stellen wurden die Pferde gewechselt und anstatt der vier Schimmel wurden uns vier gute Braune angespannt. Mit diesen fuhren wir bis Fort Abercrombie, einem Militärposten, ungefähr 36 Meilen von Fargo. Nachdem fuhren wir durch ein Gebüsch, in welchem wir neben Eichen, Eschen, auch die Haselnuß und die wilde Pflaume mit reichlicher Frucht, dazu verschiedene seltene Blumen und Pflanzen fanden über den Red River, and machten den letzten Teil dieser Tagereise bis nach Breckenridge, auf der Dakota Seite, wo wir auch die Prärie sehr zufriedenstellend fanden, und ein ausgezeichnetes Kartoffelfeld bewundern mußten.

Die Sonne war bereits untergegangen als wir das Reiseziel für diesen Tag sahen. Bei Breckenridge vereinigen sich zwei Flüsse, der Otter Tail und der Boisdessioux River. Nach dieser Vereinigung ist dann auf diese Weise der Red River entstanden, den wir von seinem Anfang bis beinahe an seiner Mündung, teils zu Wasser, teils zu Land verfolgt hatten.

An diesem Abend wurden wir von Herrn Seeger und Herrn Trott, dem Landkommissär von Minnesota empfangen; letzterer lud uns zu einer Besprechung in einem elegant eingerichteten Waggon ein, in dem er uns den Vorschlag machte, einen passenden Ansiedlungsplan von 12 Townships zu besehen, in einer Entfernung von 50 Meilen. Wir erklärten uns dazu bereit und drei unserer Brüder mit mir erhielten im schönen Waggon ihre Lagerstätten angewiesen. Die Anderen nahmen Nachtherberge in einem Gasthause, welches eine deutsche Witwe mit drei Söhnen bewirtete.

Den 11. Juli.—Wir hatten ein feines Nachtlager und gut geschlafen, standen aber morgens beizeiten auf um vor dem Abgange des Zuges noch erst im Gasthofe das Frühstück zu nehmen. Wir bekamen einen Extrazug, der uns zunächst 50 Meilen bis nach Douglas brachte. Hier blieb unser Waggon auf einem Nebengeleise stehen und wir behielten ihn nebst einigen Zelten zum lagern. Zwei Wagen standen schon bereit die mit uns in die Prärie gehen sollten und nachdem wir uns zuvor mit etwas Mundvorrat erfrischt hatten, machten wir uns auf den Weg.

Die Prärie die wir jetzt bereisten, unterschied sich von denen die wir bis dahin besehen dadurch, daß sie in kleineren oder größeren Landseeen manche Abwechselung bot. Wilde Gänse und Enten waren häufig, namentlich letztere, die mit ihren Küchlein, wenn wir uns ihnen nahten, tiefer in den See gingen; auch Präriehühner waren vertreten und bald hätten unsere Pferde einem Huhn mit den Füßen ein Nest mit Eier zerstört. Aus dem Boden sahen wir ab und zu Steine hervorragen; der Graswuchs war nicht entsprechend im Verhältnis wie wir ihn von vorhin gewohnt waren; die Humusschichte im Boden war nur gering und Br. W. Ewert beurteilte den Untergrund als Märgel.

Wir hatten eine Tour von etwa acht Meilen östlich von der Bahn zurückgelegt, da machten wir an einem ziemlich großen See Halt. Das Ufer an demselben war grober Kies und das Wasser bis tief hinein rein und klar. Das Gras in den Vertiefungen war mitunter lang; eine Grasart mit langen, f.ahlen Rispen wurde uns als eine ganz vorzügliche angepriesen. Die Ufer an den Seeen waren auch mitunter mit Rohr bewachsen. Bei einem Ansiedler, nicht weit von der Station, sahen wir ein Roggenfeld in Aehren dessen Enden uns bis an die Lippen reichten, auch waren sie lang und voll. Auch guter Weizen und Gerste wurden angetroffen. Die Kartoffeln standen bei weitem nicht so üppig wie wir sie in Abercrombie gesehen hatten.

Wir kehrten hier um nach der Station und machten dann nachmittags noch eine kleine Tour nördlich von der Bahn, wo wir auch einige Weizenfelder bereits in Aehren antrafen. Auch Wassermelonen waren gepflanzt und hatten Blüten. Der Graswuchs war hier besser und bot diese Gegend dem Auge einen empfehlenden Anblick.

Die Ansiedler dieser Gegend sind aus den verschiedenen europäischen Staaten hier zusammengeworfen. Man findet hier Schweden, Norweger, auch Esten und Finnen. Der Herr, der die Pferde an den Wagen führt, den auch ich benutze, ist ein Schwede und bereits 20 Jahre in dieser Gegend. Er besitzt bei der nächsten Station eine große Farm, so daß er, wie er sagt, auf derselben mit seinem Pfluge eine Furche von 1½ Meilen ziehen kann. Damit setzt er sich bei uns Europäern ganz in Respekt. Er selbst wohnt in St. Paul und ist angestellt in dieser Gegend die Baumpflanzung zu befördern. Hat auch selbst eine große Baumschule und wünscht, wir möchten sie uns ansehen. Wir meinen aber es würde uns dies zu viel Zeit rauben und müßten schon darauf verzichten. Er selbst verläßt uns schon am Abend und fährt mit der Bahn St. Paul zu.

Den 12. Juli. — Diese Nacht hatten wir, und zwar Alle, in dem schönen Waggon geschlafen. Die Nacht war kühl, die schöne wollene Decke konnte uns kaum genügend den Körper schützen, auch am Tage ist uns der Tuchrock nicht zu warm. Es wird beschlossen zunächst nach Minneapolis zu gehen; Herr Trott will uns 300,000 Acker Land an dieser Bahn auf vier Jahre reservieren und macht vorteilhafte Vorschläge in Begünstigung das Bauholz beizuschaffen. Er begleitet uns auf unserer Weiterreise und wir haben vom Zuge Gelegenheit uns die Gegend noch anzusehen; der Graswuchs ist hier besser als auf dem Plane, den wir vorhin sahen und untersuchten. Um 2 Uhr hielten wir in Wilmar, 105 Meilen von St. Paul

Mittag, wobei wir Alle im Gasthofe von Herrn Trott bewirtet wurden. Herr Seeger sagt, daß wir Nebraska und Minnesota sehr ähnlich finden werden, doch hat das Schulsystem, wie man es hier hat, bei weitem den Vorzug, auch sei die deutsche Bevölkerung hier überwiegend. Zwischen Dashel und Colingwood habe ein Mädchen im Walde eine Farm gegründet, der schwächliche Vater war nicht im Stande zu arbeiten. Jetzt sieht man neben Wohn- und Wirtschaftsgebäuden auf der Stelle schöne Getreidefelder.

Ueberhaupt findet man von Wilmar die Gegend schon mehr angebaut. Farmen, Getreidefelder, Heugras in Schwaden, und die Maschinen arbeiten schon in einem reifen Weizenfeld. Wenn man aus einer Wüste kommt, macht solche Veränderung aufs Gemüt einen merkwürdig ermunternden Eindruck. Abends kamen wir mit Gottes Hilfe in Minneapolis an; hier übernachteten wir und wollten den Sonnabend Vormittag anwenden uns verschiedene Fabriken anzusehen. Zunächst sahen wir uns den merkwürdigen Wasserfall des Mississippi an, von dem schon viel Wasserkraft zu verschiedenen Fabriken benützt wird, aber noch viel zu neuer Verfügung steht. Wir fanden zwei Mineralquellen, die in den Strom münden und am Ufer eine Höhle deren Wölbung aus weißem Sandstein besteht, und viele andere Merkwürdigkeiten. Ein Herr schloß sich uns an, bewillkommte uns sehr freundlich und bot sich an, uns alles Wichtige in den Fabriken zu zeigen, was er auch mit großer Aufmerksamkeit that. Wir mußten uns bei dem vielen Sehenswerten beeilen und als wir zurück in den Gasthof kamen, standen einige Equipagen dort bereit und wir wurden eingeladen sie zu besteigen, man wolle uns die

Anlagen der Stadt zeigen. So wurden wir gefahren und hatten Gelegenheit die Stadt und den günstigen Stadtplan uns anzusehen.

Nachmittag 2 Uhr benutzten wir den Zug nach St. Paul. Dort angekommen, empfing uns Herr Seeger auf dem Bahnhof und führte uns in das Bureau der St. Paul und Sioux City=Bahn. Wir hatten vorhin von Breckenridge die St. Paul und Pacific=Bahn benutzt. Wir wurden dem Herrn General Bischof vorgestellt, der Ingenieur=Chief dieser Bahn ist. Hier wurde unsere Tour für Montag besprochen, dann wurden wir von Herrn Seeger zum Gouverneur in's Kapitol von St. Paul geführt. Dieser Herr bestätigte unsern Plan, zunächst alles gründlich zu besehen ehe wir uns zu etwas entschließen sollten, sagte auch wir sollten den strengen Winter in Minnesota nicht unterschätzen. Darauf gingen wir zu einem deutschen Gastwirt Gruber, einem Bayer, in's gute und reinliche Quartier.

Als wir uns Sonntag, den 13. Juli, auf den Tag gerüstet hatten, ging ich zunächst an's Schreiben an die lieben Meinigen. Dann kam Br. Schantz und forderte mich auf einen Gottesdienst zu besuchen. Eine deutsche Methodisten=Kirche fanden wir verschlossen. Darauf gingen wir in einen englischen Gottesdienst in der ein Gastprediger eine Rede hielt über die Worte: „Nimm hin dies Kindlein und säuge mir's, ich will dir lohnen.“ Br. Schantz erzählte uns später wie schön er über die wichtige Aufgabe der Kindererziehung gesprochen habe. Nachmittag besuchten wir Herrn Seeger und verweilten auf seinem schönen Platze einige Stunden. Abends nahmen wir auf dem Bahnhof von Herrn Power, der uns bis hier beglei=

tet hatte, Abschied und gingen dann in unser Quartier.

Montag, den 14. Juli, sind wir schon bei Zeiten aufgestanden um uns zur Weiterreise zu rüsten. Wir werden um 7 Uhr zum Bahnhof abgeholt und bekommen wieder einen eigenen Waggon. Unser Weg geht durch Shakopee, St. Peter, Mankato, Mountain Lake bis nach Worthington. Als wir hier Mittag gegessen haben, stehen einige Wagen bereit, mit denen wir eine Fahrt zu einigen Farmern machen. Für die Nacht haben wir ein gutes Lager in einem guten Gasthof.

Dienstag, den 15. Juli, bekommen wir für unsern schönen Waggon eigens eine Lokomotive und fahren die Tour, die wir gestern gekommen waren zurück bis nach Wilder. Hier ist der Mittelpunkt von neun Townships in welchen die Eisenbahn-Gesellschaft uns das ihr betreffende Land, auf einige Jahre zum Preise von durchschnittlich 6 Dollars reservieren will. Außerdem will sie uns die Hälfte des Stadtplans für 12 Dollars den Acker abtreten der in Loten ausgelegt ist, 150 bei 25 Fuß, wovon man die Eckstellen zu 125 Dollars, die andern für 100 Dollars verkauft. Längs der Bahn kommen dann zunächst eine Reihe Stellen die für Kaufläden bestimmt sind. Die zweite Reihe 100 bei 50 Fuß soll Wohnungen abgeben, weiter außerhalb sollen zu Gartenstellen benutzt werden. Der Stadtplan liegt unmittelbar an einem hübschen See. Zwei Häuser, eins auf der südwestlichen, das andere auf der nordwestlichen Ecke, bilden bereits den Anfang zu der hoffnungsvoll in Aussicht gestellten Stadtanlage. In Wilder stehen mehrere Wagen mit denen wir eine Strecke in die Prärie fahren; der schöne schwarze Boden mit dem wahrhaft üppigen Graswuchs empfiehlt sich, doch steht das Getreide nicht im Verhältnis zu dem guten Graswuchs; es ist klein, ungeachtet des reichlichen Regens in diesem Frühling. Die Heuschrecken sollen hier Schaden gethan haben. Ein schöner Fluß geht durch die uns empfohlenen Ländereien. Mehrere hübsche Seeen geben dieser Landschaft eine vorteilhafte Abwechselung. Abends bringt uns die Lokomotive wieder in unser voriges Quartier nach Worthington, da haben wir gute Gelegenheit in einem nahe gelegenen See ein erfrischendes Bad zu nehmen. Zu Mittag hatten wir am Talbot Lake bei einem Farmer im Schatten grüner Bäume gegessen.

Mittwoch, den 16. Juli, wurde wieder eine Fahrt rückwärts gemacht. Eine Lokomotive brachte unsern Waggon allein bis nach Heron Lake; dort standen die Wagen, mit denen wir Tags zuvor fuhren, wieder in Bereitschaft und wir machten mit einem Bogen nach Norden eine Tour östlich, die ausschließlich nach Windom wieder an die Bahn brachte. Wir fanden, ebenso wie gestern, die Prärie mit üppigem Grase bedeckt; die Getreidefelder ließen aber auch viel zu wünschen übrig. Ein Teil der Gegend war ziemlich gebrochen; wir kamen aber nahe unserer Station in ein besiedeltes Thal, wie wir es bis jetzt noch nicht angetroffen hatten. In Worthington hat eine amerikanische Gesellschaft das Eisenbahnland gekauft und eine Ansiedlung unternommen. Jeder, der sich ihr anschließen will, zahlt 25 Dollars ein. Alle geistigen Getränke sind verboten, auch im Gasthaus ist nur ein guter Trunk Wasser zu haben. Mit diesem Tage wird die Besichtigung des Landes in Minnesota beschlossen. Herr Bishof hat uns, bis er uns entläßt, auf dem Wege von St. Paul in jeder Hinsicht gastlich bewirtet. Wir nahmen nun mit Gottes Hilfe um 3 Uhr Nachmittag unsern Weg über die Minnesota-Grenze nach Jowa in die Stadt Sioux City, um von dort nach Nebraska zu gehen.

Den 17. Juli. — Wir haben in Sioux City genächtigt. Gewitterregen und kotiger Weg. — Nehmen nun den Zug direkt südlich längs dem Missouri; wir haben ihn zur rechten Hand und über demselben sehen wir die Anhöhe von Nebraska. Zu linker Hand haben wir in ziemlicher Entfernung eine Hügelkette, die das Missouri-Thal begrenzt. Wir sehen schöne Getreide- und Maisfelder, auch Buchweizen ist da. Ansehnliche Viehherden weiden auf dem für Getreidebau zu niedrigen Feldern; wir kommen durch eine Stadt in der vor Zeiten die Mormonen ihren Sitz hatten. In Council Bluffs wechseln wir den Zug der uns eigens nur über den Fluß nach Omaha City brachte, wo schon der Zug nach Californien bereits eine Stunde auf den russischen Zuwachs gewartet hat, den wir ungesäumt besteigen um unsere Reise in Nebraska fortzusetzen. Wir sehen vom Zuge viele und gute Getreidefelder, Farmen mit vollständigen Bäulichkeiten und freundlichen Anpflanzungen; essen in Fairmount Mittag und fahren dann bis 92 Meilen von Omaha nach Columbus einem kleinen Städtchen. Als wir hier den Waggon verlassen, begrüßt uns zu unserer Ueberraschung ein Landmann aus der Odessaer Gegend, der mit seiner und sechs andern Familien im Aprilmonat Rußland verließ und jetzt in dieser Stadt einen Kaufladen hat. Er führt uns in seinen Laden und dann gehen wir in den Gasthof in's Quartier.

Den 18. Juli machen wir, in Begleitung von Herrn

Hansen, der uns schon in Sioux City empfing und dem Commissär des Landdepartements Herrn Davis eine Landreise. Nachdem wir zunächst durch eine angebaute Gegend eine Strecke gefahren hatten kamen wir auf eine Hochebene, auf welcher wir nur einzelne Farmen antrafen, mit gebohrten Brunnen von über 100 Fuß tief. Dieser Platz wurde uns zu einer Ansiedlung empfohlen. Der Graswuchs war mangelhaft; die Getreidefelder waren besser, doch war der Kern in den Weizenähren schadhaft und in den gelben Aehren zusammengeschrumpft. Auffallend war uns der Temperaturwechsel: von 104 Grad sank das Quecksilber in einer Nacht bis auf 62 Gr. Fahrenheit. Nachmittag 4 Uhr nahmen wir noch einen Zug der uns noch 104 Meilen westlich abends nach Kearney brachte.

Sonnabend, den 19. Juli, fuhren wir in Begleitung des Herrn George O. Manchester, Prof. J. D. Butler, Herrn Farland und Office Clerk James R. Hood von Plattsmouth auf einer andern Bahn zunächst nach Lowell und machten von dort eine Tour in die Prärie. Die Gegend ist der im südlichen Rußland zu vergleichen. Eine ziemliche Strecke ist der Boden sandig, dann trafen wir Hügel mit abgerissenen Abhängen und Spuren von Ansiedlern in Rasenhütten mit Dächern von demselben Material. An einem kleinen Fluß, Little Blue, hielten wir Mittag im Schatten der Bäume am Ufer Wir waren etwa 30 Meilen von der Bahn in südlicher Richtung und fuhren Nachmittag noch 20 Meilen bis nach Red Cloud an dem Republican River nahe an der Kansas-Grenze. Wir fanden auf dem Wege viel Büffelgras; überhaupt war der Graswuchs spärlich; in der Ferne sahen wir Büffel und

Antilopen, letztere mit ihren Jungen weiden. Der Zug, der am Morgen von San Francisco kam, hatte in einem Frachtwagen 40 Silberbären, ca. 100 ℔ schwer.

Sonntag den 20. Juli gehen wir morgens in's Schulhaus und wohnen der Sonntagschule bei. Dann leitet Br. Funk von Elkhart den Gottesdienst, liest zunächst das 8. Kapitel im Römerbrief und predigt dann über die Worte unseres Heilandes: Eins ist Not.

Nachmittag hatten wir zuerst einen Gedankenaustausch über unser Predigen, dann besuchten wir einen Farmer in der Nähe und machten einen Spaziergang an den nicht unbedeutenden Fluß. Nach dem Abendessen unterhielt uns Herr Prof. Butler und erzählte uns von seiner Reise nach Californien, von den Riesencedern dort, die 250 Faß hoch und 92 Fuß im Umfang sind. Später hielt er noch eine Ansprache über Ebr. 4, 15 in deutscher Sprache die mit Gesang und Gebet angefangen und beschlossen wurde.

Montag den 21. Juli brachen wir frühe auf und waren mit Sonnenaufgang schon eine Strecke gefahren. Es wurde zweimal angehalten und etwas genossen bevor wir in Hastings wieder an der Bahn ankamen und zwar 25 Meilen östlich von Lowell. Die Prärie war anfangs wenig empfehlend, besserte sich aber später; die Ansiedlung war schwach, auch war außer an einigen kleinen Flüßchen, das Wasser sehr tief und schwer zu bekommen. Hier nahmen wir die Bahn nach Lincoln, von hier noch 100 Meilen entfernt, das wir, nach dem wir in Crete zum Abendessen anhalten nur erst um 10 Uhr erreichten. Wir waren auf einem sehr ebenen Boden gefahren, der, je näher unserm heutigen Reiseziel, immer mehr besiedelt ward.

Als wir Dienstag Morgen gefrühstückt haben, steht ein schöner geräumiger Verdeckwagen vor unserm Gasthof, mit 4 Pferden lang bespannt und wir werden freundlich eingeladen ihn zu besteigen. Man will uns Stadt und Umgegend zeigen. Die Stadt, damals mit 7000 Einwohnern, empfiehlt sich; hat eine Universität, bereits 12, und einige mitunter recht schöne Kirchen, ein Irrenhaus und mehrere dreistöckige schöne Häuser. Außer der Stadt finden wir schöne Getreidefelder, einen Salzsee mit einer Badeanstalt, die wir beiläufig zu einem erfrischenden Bad benutzen, einen nicht unbedeutenden Salzfluß, auch einen fließenden Brunnen in der Stadt, der Salzwasser liefert.

Nachdem wir diese Gastfreundschaft dankbar genossen, gehen wir Nachmittag wieder auf den Zug zur Weiterreise. Wir fahren eine Strecke durch schöne Getreidefelder, dann nähern wir uns dem Platt River, den wir von der linken Seite haben und fahren dann hart am Fluße denselben entlang bis wir zu seiner Mündung in den Missouri kommen, den wir noch eine kurze Strecke bis Plattsmouth verfolgen. Hier verlassen wir die Bahn einstweilen und um 40 Meilen auf derselben zu ersparen, besteigen wir ein Boot, mit dem wir über den, hier eine Meile breiten Fluß vier Meilen weit nach der entgegengesetzten Seite kommen, wo wieder ein Zug auf uns wartet. Jetzt fahren wir noch eine Station frei, dann nimmt auch der letzte unserer freundlichen Reisebegleiter, Herr Manchester — die andern hatten sich schon jenseits des Flusses von uns verabschiedet — Abschied von uns, und wir fahren, von nun an, auf eigene Rechnung.

Jetzt geht die weitere Fahrt den ganzen übrigen Tag in einem Thal, in dem wir auf beiden Seiten die hügeligste Gegend sehen können, durch mehrere Städte. Wir fahren bei schönen Mais- und Getreidefeldern vorbei. Unsere Brüder, die beiden Tschetter und Unruh, nehmen Abschied, als wir unsern Weg nach Süden nehmen.

Sie gehen zunächst nach Elkhart, Ind., und dann zurück in die Heimat. Wir übrigen übernachten in St. Joseph. Hier nimmt auch Br. Johann Funk von uns Abschied; er will seine Brüder in Missouri besuchen. Unser Weg geht über Kansas City und St. Louis nach Summerfield in Illinois in die Gemeinde.

Donnerstag den 24. Juli erreichten wir am Morgen St. Louis, bestiegen dort einen Omnibus, mit dem wir auf einem großen Flußboot über den Mississippi nach Ost-St. Louis gebracht wurden und von dort die Bahn nach unserm Reiseziel wieder benutzten. Da der Zug in Summerfield nicht anhielt, nahmen wir uns in Lebanon für zwei Dollars eine Fuhre dorthin. Es war Mittagszeit als wir dort bei Br. Jac. Leisy abstiegen und Schwester Leisy richtete noch schnell für die Gäste zu.

Nachmittag begrüßen wir unsere alten Reisekameraden, von denen wir in New York uns trennten, Geschwister Rud. Riesens mit ihren Kindern, Abr. Quirings und Peters, die sich unterdessen hier schon vorläufig heimisch gemacht haben. Es ist hier Erntezeit, die Brüder sind sehr beschäftigt. Br. Chr. Krehbiel stockt einen Getreideschober. Mit unsern Landsleuten haben wir Zeit, uns, über unsere gegenseitige Erfahrungen seit unserer Trennung, viel zu unterhalten. Für den Abend wird eine Versammlung im

Bethause bestellt, die Bruder W. Ewert leitet. Er hat das Thema: „Wo Friede da Glaube, wo Glaube da Liebe, wo Liebe da Gott, wo Gott, da keine Not.“

Nach der Erbauungsstunde finden sich bei Br. Leisy mehrere Brüder ein und wir haben die Aufgabe, von unserm Reisezweck und unsern Reiseerfahrungen Mitteilung zu machen. Es war schon nach Mitternacht als wir uns wieder trennten, um unser Lager aufzusuchen. Am folgenden Morgen giebt es wieder eine lebhafte Unterhaltung. Wir glauben, unsere Pflicht, in der Aufgabe die Ländereien in den verschiedenen Staaten prüfend, für unsern Reisezweck, zu besehen, als erfüllt ansehen zu dürfen, da Kansas zu bereisen, allgemein, als für unser Bedürfnis nicht geeignet beurteilt wurde, indem in der östlichen Hälfte dieses Staates, die sich nur für Ackerbau eignet, die Regierungsländereien bereits aufgenommen seien; letztere hatten wir aber für unsere armen Einwanderer vorzugsweise im Auge. Da macht uns aber Br. Chr. Krehbiel noch auf Texas aufmerksam, und bringt eine Reise dorthin in Vorschlag, zu der, wie er sagt, bereits Vorbereitungen getroffen seien. Er macht es uns zur Pflicht, uns derselben zu unterziehen, da sie uns keine Kosten machen würde.

Br. Buller und Br. Ewert entschließen sich darauf auch dazu. Ich mache für mich den Vorschlag währenddessen im Osten die Gemeinden unserer Glaubensgenossen zu besuchen, da die Bekanntschaft mit ihnen, für die Folge uns gewiß auch von Nutzen sein könnte. Die Brüder erklären sich damit einverstanden. Br. And. Schrag schließt sich mir an und Br. Jac. Schantz ist bereit uns zu begleiten, was wir von Herzen bewillkommnen.

Für den Nachmittag war noch eine Versammlung bestellt, bei der Br. Buller den Anfang machte mit einer Ansprache über einen Text aus Ev. Luk: Kap. 12. Darauf löste ich ihn ab und behandelte mit Gottes Hilfe in Schwachheit den 6. bis 8. Vers aus Jes. Kap. 40. Es ging zuletzt schon gedrängt, wir mußten mit unserer Abreise uns beeilen, wenn wir zum nächsten Sonntag in eine unserer Gemeinden sein wollten. Bei Br. Vogt war uns das Abendessen bereitet, dann brachte uns Br. Leisy in Begleitung der Brüder Chr. Krehbiel und Warkentin nach Lebanon, wo wir den Zug zunächst nach St. Louis bestiegen, um von dort Chicago zuzureisen. Der treue Gott der sein väterlich göttliches Auge offen hält auch über die schwächsten seiner Kinder, hat so wie immer auch auf dieser unserer Reise uns gnädig geleitet, so daß wir Sonnabend den 26. Juli, um 10 Uhr abends, gesund und wohlbehalten in Elkhart, Ind. ankamen, wo Br. J. F. Funk, den wir in Chicago wieder einholten, nach 7-wöchentlicher Trennung von Familie und Gemeinde, die lieben Seinen gesund und wohlbehalten begrüßen durfte und in dessen Hause auch wir andere Reisende eine brüderlich gastliche Aufnahme fanden.

Hier im fremden Lande über Land und Meer, sogar in einem fernen fremden Erdteil unter lieben Glaubens- und Gemeinschaftsgenossen mich zu befinden, war für mich ein eigentümlich wohlthuendes Gefühl und da es mir um gegenseitige Bekanntschaft nach außen sowohl wie nach dem Herzen zu thun war, stand ich, für meine Person, gewissermaßen als Vertreter unserer russischen Heimatgemeinden, dadurch in einer wichtigen Aufgabe, hier unter unsern

Brüdern, von unserer Herzens- und inneren Lebensanschauung Zeugnis abzulegen.

Es wurde mir dazu in öffentlicher Versammlung genügend Gelegenheit gegeben und zwischen den Versammlungen in verschiedenen Bethäusern hatte ich Zeit in häuslichen und wirtschaftlichen Kreisen mich umzusehen und fand bei der Verschiedenheit der wirtschaftlichen Zustände in Vergleich mit den in Europa mir gewohnten doch zu meiner Freude, wie wir uns auf dem einen Grunde des göttlichen Wortes doch einig waren, in den Artikeln unseres Sonderbekenntnisses in denen wir uns von andern Kirchengemeinschaften unterscheiden, und da that es dem Herzen sehr wohl, hier im neuen Erdteil, in dem wir eine neue Heimat zu finden uns bestrebten, zahlreiche Gemeinden zu finden, die mit Teilnahme Interesse nahmen an unserer damals bedrängten Lage und uns Mut machten den wichtigen Schritt des Heimatwechsels zu übernehmen, und uns durch langjährige Erfahrung versichern konnten unter den Landesgesetzen Glauben und Bekenntnis in Ruhe bewahren zu dürfen.

Unter vielem Neuen und Merkwürdigen, das ich da im gastlichen Verkehr mit lieben Geschwistern sah und hörte, will ich nur eins erwähnen, daß Bruder Buzzard vor Kurzem aus seinem Walde auf seiner Farm 10 Wallnußbäume per Stück zu 51½ Dollars verkauft hatte, die an der Wurzel 5 Fuß im Durchmesser waren und deren Stamm bis an die untersten Aeste 72 Fuß maß.

Fünf Tage verlebte ich mit meinen beiden Reisegenossen hier in der Gemeinde. Darauf machten wir uns den 1. August, ein Uhr morgens auf den Weg nach Ontario, Canada. Tags zuvor hatte ich im Versammlungshaus zu

Elkhart, abends, schon unter Licht, noch meine Abschiedsrede über Epheser 6, 10—24 gehalten. Da wir erfahren hatten, daß in Detroit Glaubensgeschwister aus Europa einen vorläufigen Aufenthalt genommen hatten, machten wir es uns zur Aufgabe sie dort aufzusuchen.

Wir fanden dort acht Familien mit folgenden Namen: Corn. Unruh, Peter Tjart, Gerh. Dürks, Dav. Willms, George Willms, Heinr. Ratzlaff, Johann Schroeder, Peter Kerber und noch einige ledige junge Leute. Bei Br. Gerhard Dürks kehrten wir zunächst ein, besuchten Br. Unruh, der Gemeindelehrer ist, und noch andere Familien und nächtigten dann auch bei ihm. Die Leute waren zufrieden, beschäftigten sich mit Arbeiten, deren es dort genügend gab und verdienten nach ihrer Aussage mehr als sie zu ihrem Unterhalt nötig hatten.

Sonnabend den 2. August machten wir uns wieder auf die Reise. Br. Dürks und sein 14-jähriger Sohn Robert begleiteten uns bis zum Depot; wir fuhren bald bei Port Huron mit einem mächtigen Dampfprahm mit unseren Waggons ohne die Lokomotive über die Meerenge und kamen noch bei Zeiten zu Br. Jac. Schantz, der seine Familie begrüßte und uns noch Aecker und Garten zeigte. Es war gerade Erntezeit.

Hier in der Gemeinde war ich schon bei unserer Ankunft um Pfingsten bekannt geworden. Man brachte mich schon Sonntag an die Arbeit und wußte es so einzurichten, daß ich die Woche hindurch täglich drei Versammlungen zu bedienen hatte; die jedesmal zahlreich besucht waren. Der treue Herr, der in den Schwachen mächtig ist, half mir auch gnädig, daß ich mit Freudigkeit Zeugnis ablegen konnte von

Seiner Gnade und Wahrheit, und ich erinnere mich noch oft und gerne an die Liebe und teilnahmvolle Aufmerksamkeit, die ich und meine lieben Reisegefährten auch dort so reichlich genossen haben.

Im Jahre 1882 hatte ich noch einmal Gelegenheit, diese lieben Gemeinden zu besuchen, alte Bekanntschaften wieder aufzufrischen und neue zu machen. Der treue Herr, der da verheißt, daß Sein Wort nicht leer zurück kommen soll, sondern ausrichten, wozu er es sendet, wolle auch meine schwache Arbeit auf diesen beiden Besuchen zum Segen gereichen lassen.

In den Hausbesuchen gab es auch Gelegenheit an Krankenbetten und bei altersschwachen Geschwistern, den Betreffenden zu Herzen zu reden. Von vielen lieben Brüdern, deren warmer Teilnahme ich mich dankend erinnere, erwähne ich nur die Namen David Scherg, der mich in Betreff unseres Sonderbekenntnisses in ein spezielles Examen nahm und mir in meinem Reiseteſtamentchen, das ich bei ihm vergaß und das er dann mir nach Pennsylvanien nachschickte, folgendes eingeschrieben hatte, das ich hier wörtlich wiedergeben will;

„Lieber Bruder, Du hast Deinen teuren Schatz, welchen Du uns so hoch angepriesen hast und Dir so notwendig ist auf Deiner Reise, als die beste Schutzwehr, bei uns vergessen, zu Peter Nißley. Lieber Bruder! Du wirst so gut sein und Br. Sudermann dieses zusenden oder bringen. Ich wünsche Euch allen Glück und Gottes Segen, wo Ihr hinkommt, es mag sein, wo es will.

Liebe Brüder in dem Herrn,
Die Ihr wohnet in der Fern;

Ihr habt jetzt ein Land erspät,
Wo Gewissensfreiheit steht.
Laßt Euer Herze nicht erbeben,
So wird Gott euch Segen geben.
Braucht nur dieses Buch zu Waffen,
So wird Gott euch Sieg verschaffen! Amen.

David Scherg, Ontario, Waterloo Co., Preston."

Dann erzählte mir Bruder George Schmidt wie er als junger Mann von Europa herübergekommen, bei einem Bischof Eby in Berlin Dienst als Knecht genommen hatte. Wie er überzeugt von der Wahrheit bald für's Mennonitische Bekenntnis sich entschieden, dem Anschluß durch die Taufe nachgesucht und unserm Bekenntnis beigetreten sei. Wie er aber mit diesem Wechsel seine l. Mutter so gekränkt habe, daß sie ihm die Thür in ihrem Hause zu betreten, verboten hatte. Lange war dieser entzweite Zustand dem Sohne als ein schwerer Druck auf dem Herzen gelegen, ohne eine Hoffnung auf kindliche Annäherung, und noch ernster wurde er beunruhigt als er darauf erfuhr, die Mutter sei ernstlich krank. Er versuchte es, und schickte eines seiner Kinder zur Großmutter mit einer Flasche eingekochtem Obst, der Kranken zur Erquickung. Die Gabe wurde angenommen aber weiter nichts gesagt. Sie wurde wiederholt und das Kind kam zurück und erzählte, die Großmutter habe gefragt: Warum kommt der Vater nicht? Das war's ja, was der Sohn so gerne hören wollte. Unvorzüglich eilte er zur lieben kranken Mutter, und die Versöhnung zwischen Mutter und Sohn kam nach langer Trennung jetzt leicht zustande.

Die Thränen netzten die Wangen des Bruders noch bei der Mitteilung. Die Mutter wurde überzeugt, daß der Sohn nicht unrecht gethan wenn er von seinem Gewissen überzeugt den Wechsel vorgenommen, und — so schloß er den Bericht — wäre die Mutter gesund geworden, sie hätte selbst sich noch dem wehrlosen Bekenntnis angeschlossen.

Den 8. August ging es nach dem Frühstück an's Abschiednehmen, zunächst von der Familie der Geschwister Scherg. Der Sohn des Hauses fuhr uns nach Preston zum Bahnhof. Geschwister Jacob Schantz begleiteten uns noch bis dahin. Dort angekommen, fand sich auch bald unser lieber Reisebegleiter, Br. Elias Eby ein. Man wollte uns, der Sprache unkundig, nicht ohne Begleitung den Weg nach Pennsylvanien machen lassen; das war sehr freundlich von den lieben canadischen Geschwistern. Bruder Eby zeigte uns auf dem Wege durch Canada verschiedene Stellen, wo auch nahe bis am Niagara unsere Glaubensgenossen wohnten. Um die Mittagszeit fuhren wir über die merkwürdige Brücke drei Meilen unterhalb des großartigen Wasserfalles in das Vereinigte Staaten Gebiet.

Um einigermaßen einen Begriff von den canadischen Waldungen zu erhalten, in denen unsere Glaubensbrüder sich angesiedelt haben und die sie zu lichten das energische Unternehmen hatten, sei hier beiläufig mitgeteilt, was Bruder Eby uns erzählte, daß er auf seinem Ansiedlungsplatz einen Baum gefällt habe, der sechs Fuß im Durchmesser gewesen sei; den mußte er 60 Fuß von der Wurzel erst verspalten bevor die Blöcke transportiert werden konnten.

Wir mußten des Anschlusses wegen in Rochester nächtigen und hatten aus dem Grunde auch in Elmira zwei

Stunden Aufenthalt. Doch kamen wir Sonnabend den 9. August noch bei Zeiten in Mount Joy in Lancaster Co. an, wo wir bei Bruder Gabriel Baer freundliche, gastliche Aufnahme fanden.

Darauf ging es, gleich am Sonntag Morgen, für mich speziell an die Arbeit, denn die Brüder sorgten redlich dafür, daß ich mit der Verkündigung des göttlichen Wortes reichlich Beschäftigung fand; zunächst ging es in's Versammlungshaus Kastanienberg, wo neben mir die Brüder Heinrich Schenk und Christian Neukommer dienten.

Ueber Mittag gingen wir zu dem 79 Jahre alten Br. Christian Nißley. Zum Nachtessen zu Br. Heinrich Schenk, darauf nächtigten wir bei Br. Peter Nißley, mit dem es eine besonders lebhafte Unterhaltung gab, indem der liebe Bruder nach Vielen sich erkundigte und viel zu fragen wußte.

Montag, den 11. August machten wir zwischen den Versammlungen Besuche bei Br. Chr. Nißley, dann bei Br. J. K. Nißley, dessen Frau an Herzklopfen litt, dann besuchten wir bei Br. Bergthold dessen kranke Schwiegermutter, dann ging's zu Schwester Brennemann, die schwach und krank darnieder lag. Zum Nachtessen besuchten wir den 87 Jahre alten Bruder Horst, der sich schon längst für die Rußländer warm interessiert hatte und dessen zwei ledige Töchter uns ebenfalls herzliche Teilnahme bewiesen. Es war bereits dunkel als wir abends in unser gastliches Nachtquartier kamen, das wir bei dem lieben Br. Bischof Jacob Brubacher fanden.

Dienstag, den 12. begleitete mich Br. P. Nißley nach der Vormittagsversammlung zu Freund Kaufmann, der zwar nicht Gemeindeglied, aber doch mit unsern Brüdern dort sehr befreundet war; in seiner Nähe war auch das Versammlungshaus, das er zu besorgen übernommen. Dieser l. Freund hatte eine Reise nach Californien gemacht und wußte uns mit interessanten Mitteilungen aus dem Westen gut zu unterhalten. Er zeigte uns eine Scheuer von 85 Fuß Länge, welches der Umfang eines dortigen Baumes war. Ein anderer ähnlicher Riesenbaum lag umgefallen auf der Erde und war vom Feuer hohl ausgebrannt; da sind die Reisenden durch dieses Baumrohr durchgeritten. Ein anderer umgefallener Baumstamm war 164 Fuß von der Wurzel noch 30 Fuß im Umfang. Solche und ähnliche unbegreifliche Mitteilungen wurden uns gemacht und doch behielt man von dem Erzähler den Eindruck, daß er mit seinen Berichten nicht übertrieb. Bei Bruder David Herschy übernachteten wir.

Folgenden Tages fuhr uns Br. D. Herschy in's Versammlungshaus bei Littitz, von wo aus uns Br. Joh. Heß zu Mittag zu sich nahm. Bei diesem l. Bruder übernachteten wir auch, nachdem wir noch den alten teilnehmenden Bruder Risser besucht, und mit Bruder Bamberger einen Abstecher nach Littitz, einem Ort der Brüdergemeine gemacht hatten, woselbst ich mit einem Manne mit Namen Frühauf Bekanntschaft zu machen Gelegenheit bekam.

Die Brüder Benjamin, Amos, Daniel und Elias Herr waren uns nicht nur freundliche Gastgeber, sondern hatten mit allen Andern auch ein teilnehmendes Herz für unsere wichtige Angelegenheit über welche wir ihnen eingehenden Bericht erstatten durften: ebenso der alte Bruder Mosemann, den ich in Lancaster besuchte und der, wie Br. Benj. Herr, Bischof an der Gemeine war. All' dieser schon erwähnten lieben Brüder und vieler Anderer deren Bekanntschaft ich zu machen Gelegenheit hatte erinnere ich mich noch, nach mehr als zwanzig Jahren, mit warmer Liebe und Hochachtung und werde es nie vergessen, welchen Trost mir ihre herzliche Teilnahme in meiner damaligen gedrückten Gemütsstimmung bereitete, die mir unserer damaliger Heimatwechsel verursachte.

Auf solche Weise bot jeder neue Tag unseres Aufenthaltes in den Gemeinden in Lancaster Co., Pa., mir wiederholt neue Gelegenheit, zu zeugen, in Schwachheit aber doch, mit Gottes Hilfe, mit Freudigkeit von dem großen gottseligen Geheimnis unserer Erlösung, die durch Jesum Christum geschehen ist; und wir überzeugten uns, zu unserer Freude, daß Gottes Geist seine Kinder, wie in Europa so auch in Amerika, in die eine Wahrheit leitet und der Glaube, den wir miteinander haben, kräftig wird in der Erkenntnis alles des Guten, das wir haben in Christo Jesu unserm einigen, gemeinschaftlichen Heiland; und wie die Salbung uns allerlei lehrt, so ist es recht und wahr und ist keine Lüge nach 1. Joh. 2, 27.

Dazu war ich herzlich froh immer neue Bekanntschaft zu machen mit so vielen lieben Geschwistern. Vor jeder Versammlung stand ich größtenteils auch vor einer neuen Zuhörerschaft. Wenn das zu einem Teil auch für den Prediger zu großer Aufmunterung dient, fühlt er von der andern Seite auch wieder die wichtige Verantwortung wenn er es sich vergegenwärtigt, daß alle diese seine Zuhörer, an dem großen Tage der allgemeinen Abrechnung ihm gegenüber stehen, entweder ihn segnend wenn er seine Pflicht als Gottes Bote treu erfüllt hat, oder ihn verklagend, wenn er von den herrlichen evangelischen Wahrheiten nicht mit dem, ihnen angemessenen, heiligen Ernst gezeugt und die wichtige und dringende Aufforderung: „Kommt zu Jesu!" nicht mit warmer barmherziger Liebe und Teilnahme seinen Mitsündern und Miterlösten gegenüber ausgesprochen. In dieser Hinsicht wolle Gott in Gnaden nach Seinem Erbarmen mich ansehen, überall, wo ich Gelegenheit und die Aufgabe hatte, Sein heilig Wort zu handhaben und von Ihm und Seinem wunderbaren Rat zur Seligkeit zu reden und zu zeugen. War es mir, was das Amt das die Versöhnung predigt in meinem Leben überhaupt und besonders auch hier in Amerika zum Teil oft vor einer neuen Zuhörerschaft Gottes teures Wort zu verkündigen, das schätze ich von der einen Seite für eine besondere Gnade, fühle aber von der anderen an meinem Lebensabend auch die große Verantwortung die mir, bei meiner wichtigen Aufgabe oft lange nicht ernst genug vor der Seele stand und auch jetzt nicht steht.

Freitag den 15. August brachte uns eine Depesche die erfreuliche Nachricht, daß die beiden Brüder Jacob Buller und Wilh. Ewert von ihrer Reise nach Texas glücklich und wohlbehalten nach New York gekommen seien. Wir wurden von ihnen für den nächsten Montag nach Philadelphia bestellt, wo wir mit einigen Vorgesetzten von der Northern Pacific Eisenbahn über ein Anerbieten für eine Ansiedlung an ihrer Bahn Bescheid erhalten sollten. Da blieb uns dann noch der Sonnabend und der Sonntag zur praktischen Verwendung mit Erbauung und Geschwisterbesuch übrig, wozu es ja auch an immer neuer Gelegenheit nicht fehlte, wofür die l. Geschwister, in deren Mitte wir weilten, auch nicht versäumten Sorge zu tragen.

Als wir darauf Montag den 18 August uns zur Abreise bereit machten waren viele l. Brüder bereit uns bis nach Philadelphia zu begleiten, was für uns eine große Freude war, da sie, erfahren in den amerikanischen Verhältnissen, uns guten Rat erteilen und vor manchem Fehler bewahren konnten. Die Brüder, die sich uns anschlossen waren: Amos, Daniel und Jacob Herr, Peter und Jacob Nißley, Joh. Schenk, Gabriel Baer, Heinrich Eby und Jacob Ernst. Um 12 Uhr kamen wir in Philadelphia an, wo Bruder Buller und Bruder Ewert uns auf dem Bahnhof empfingen.

Dienstag den 19. hatten wir die Unterredung mit Herrn Cook dem Präsidenten der N. P. Bahn, in welcher uns die Pennsylvanier Brüder treu unterstützten. Abends nahmen wir Abschied von diesen lieben Brüdern, die uns auch hier so gute Dienste geleistet hatten und gingen um 7 Uhr mit der Bahn nach New York.

Mittwoch den 20. August wurde mir schließlich ein sehnlicher Wunsch erfüllt, noch vor meiner Abreise nach Europa, mit Jemanden von der Familie Corn. Jansen, die aus meiner Heimatgemeinde vor wenigen Tagen hier in Canada gelandet war, zusammen zu treffen. Br. Jansen war mit seinem ältesten Sohn Peter nach New York gekommen, dieses erwünschte Zusammentreffen noch zu ermöglichen. Das war beiderseitig eine große Freude; leider war die Zeit nur kurz die uns vergönnt war noch zusammen zu sein. Wir hatten uns gegenseitig viel mitzuteilen und folgenden Tages Nachmittag um 2 Uhr schlug die Abschiedsstunde, denn um diese Zeit mußten wir das Schiff besteigen, das uns in unsere alte Heimat und zu den Unsrigen zu gelangen, dienen sollte.

O, was ist doch das arme Leben mit seinen Freuden und Leiden? Wie nichtig, wie flüchtig! Es gab vor der Abreise noch manches zu thun mit Briefeschreiben und das Reisegepäck zu ordnen. Auf diese Weise verging die Zeit sehr schnell.

Zum Abschied fanden sich auch noch die beiden Brüder Stobbe ein, deren Bekanntschaft wir hier schon bei unserer Ankunft gemacht hatten. Sie und Jansens, Vater und Sohn, begleiteten uns zur festgesetzten Zeit bis auf das Schiff. Auf dem Hafenplatz trafen wir ganz unerwartet mit einigen Familien Auswanderer zusammen, die aus unserer Gemeinschaft aus dem südlichen Rußland, unterdessen wir fort waren, ihr Eingentum veräußert, hier ihr neues Heimatland betraten. Leider gestattete die kurze Zeit, die uns noch übrig war, nur einen flüchtigen Wortwechsel, obgleich es uns von beiden Seiten wünschenswert gewesen wäre, namentlich ihnen, sich näher über unsere Reiseerfahrungen zu besprechen. Die Dampfmaschine wartet bekanntlich in der Regel nicht auf ihre Passagiere. Es waren in dieser Auswanderungsgesellschaft unter Andern die Familien Carl Glöckler, Heinr. Goerz und Aron Peters, die einige Jahre auf der Halbinsel Krimm gewohnt hatten.

Der Augenblick war gekommen wo es allen Ernstes galt Abschied zu nehmen, der mir, namentlich von den lieben Jansens, recht schwer wurde. Die Maschine wurde in Arbeit gesetzt und in wenigen Minuten waren wir im freien Wasser. Ein Nebel benahm uns die Aussicht von der schönen Landschaft, die uns sonst die beiderseitigen Ufer, zwischen denen wir eine Strecke fuhren, geboten hätte. Bald verloren wir dieselbe auf der linken Seite und nach einigen Stunden war jeder Anhaltspunkt an's Land dem Auge entnommen.

Der Atlantische Ocean war nun, bei mit Gottes Hilfe glücklicher Reise eine Reihe von Tagen der Bereich auf welchen wir uns angewiesen sahen. Es wird wohl, wenn auch sehr verschieden, ein Jeder, der eine solche Reise macht, erfahren, in welchen ernsten Gemütsbewegungen dieselbe angetreten wird. Aber wer unter dem Schirm des Höchsten sitzet und unter dem Schatten des Allmächtigen bleibet, der spricht zu dem Herrn: Meine Zuversicht und meine Burg, mein Gott auf den ich hoffe. Ps. 91, 1. 2.

Nachdem das Gemüt einigermaßen beruhigt war, hatte ich Muße einige Briefe aus der Heimat, die ich in New York erhielt, zu lesen. Der Inhalt derselben war nicht geeignet mich heiter zu stimmen; er gab mir Nachricht von verschiedenen Todesfällen, unter denen besonders einer mich nahe und schmerzlich berührte: eine von meinen vier Schwestern, von denen ich auf Wiedersehen Abschied genommen hatte, war unterdessen gestorben. Da mußte ich schon auf das Wiedersehen verzichten und mit der Hoffnung mich trösten, daß doch aus Gnaden um des stellvertretenden Verdienstes unseres gekreuzigten Heilandes willen auf uns eine frohe Aussicht für die Ewigkeit wartete.

Nach kurzem Kampf zur Herrlichkeit,
Das Land der Ruhe ist nicht weit.
Dein Josua führt dich hinein,
Bald wirst du, bald bei Jesu sein.

Bei Jesu sein; welch köstlicher Trost, welche süße Hoffnung. Und auch die Rückreise, auf der wir uns jetzt befanden, sollte uns die Wahrheit der Worte bestätigen, die der König David bei einer ernsten Erfahrung, die er in seinem so bewegten Leben machte, einmal aussprach, 1. Sam. 20, 3: „Wahrlich, so wahr der Herr lebet, und so wahr deine Seele lebet, es ist nur ein Schritt zwischen mir und dem Tode."

Sonntag den 24. August hatten wir einen freundlichen Morgen. Es war in der Nacht Gewitter gewesen, doch war Alles vorbei und die Passagiere versammelten sich wie gewöhnlich auf dem Deck. Einer unserer Mitreisenden fragte ob wir auch heute einen Gottesdienst haben würden. Auf den englischen Schiffen sei derselbe für die Sonntage angeordnet, der Kapitän hatte die Pflicht ihn zu versehen, wenn kein Prediger als Mitpassagier in der Reisegesellschaft sei. Es wurde aber bei uns keiner angeordnet.

Wenn Tags zuvor die See, ohne Wind, auffallend hoch ging, sagte der Kapitän, er könne nicht wissen, ob die hohe See in Folge eines gewesenen Sturmes sei, oder ob wir einen solchen zu erwarten hätten. Da erhob sich ein Wind aus Süden, die Matrosen waren beschäftigt die Segel aufzuhissen, denn der Wind blies stark hinein und die Fahrt schien günstig von statten zu gehen. Gegen Mittag wurde er stark, so daß die Passagiere auf dem Verdeck Schutz vor dem starken Winde suchten. Zuletzt wurde es, des Windes wegen, ungemütlich auf dem Deck zu bleiben und man ging lieber in die Kajüte. Das Schiff fing an heftig zu schwanken und die Wellen schlugen auf das Verdeck und begoßen die Leute mit Wasser. Da legte ich mich besser auf mein Lager, weil man sonst leicht unwohl fühlt. Aber auch auf dem Lager hatte man wenig Ruhe, weil die Bewegungen so heftig wurden, daß man genötigt war, sich fest zu halten wenn man mit den Schwankungen nicht hin und her geworfen werden wollte. So verging der Nachmittag und die bange Besorgnis vor der Nacht, ließ häufige inbrünstige Seufzer zum Herrn empor steigen um Gnade und Erbarmen. Es ist ja ein Sturm auf dem Meere bei finsterer Nacht noch doppelt schrecklich.

Doch schien die Szene nur immer ernster werden zu wollen. Alle von den Passagieren hatten sich in die Kajüten zurückgezogen. Das Nachtessen wurde von Allen vergessen, es wurde nicht einmal aufgetragen, denn der Sturm fing an in einen heftigen südlichen Orkan auszuarten.

Schon vor Abend hatte man den Kapitän mit einer düstern Miene bei sich vorüber gehen sehen, er mochte wohl geahnt haben, daß ihm und uns allen eine ernste Prüfung bevorstand. Da auf einmal, als die Uhr etwas über acht war, wurde ein großes Getöse auf dem Schiff, welches zwei Treppen nach unten natürlich nicht in seinem Umfange gehört werden konnte. Eine Sturzwelle, die bis an den untersten Mastkorb, 40 Fuß über dem Verdeck gereicht haben soll, hatte sich mit ihrer ganzen Wucht auf das hintere Ende von der rechten Seite des Schiffes geworfen.

Welch eine Verwüstung hatte die Macht dieser einen Welle, auf unserem schönen Schiffe angerichtet! Eins von den acht Rettungsbooten war völlig verschwunden, zwei andere waren aus ihrer Stellung gerissen und auf das Verdeck geworfen, die beiden Ueberbaue der Treppen zur ersten und zweiten Kajüte, und ein großer, und ein etwas kleinerer Fensterüberbau, wovon der erste etwa 20 Fuß lang und 5 Fuß breit Licht in den obern Salon, der andere 6 Quadratfuß Licht auf die Treppen warf, waren ebenfalls weggerissen, und in diese große Oeffnungen drang das Wasser jeder neuen Welle, wie mit einer Flut genährt in den obern und von dort durch eine Oeffnung, die die Ventilation vermittelte, auch in den untern Salon in welchem ich mich mit meinen Reisegefährten befand. Wir sprangen (in unsern Kajüten) aus unsern Betten und eilten in den Salon, um zu sehen, was da werden wollte.

Welch eine Szene entfaltete sich da unsern Blicken! Wie mit Eimern ergoß sich das Wasser durch die genannten Oeffnungen in der Decke in unsern Schiffsraum. In kurzer Zeit standen wir bis an die Knöchel im Wasser. Die heftigen Schwankungen des Schiffes, die das eingedrungene Wasser bald nach der einen, dann wieder nach der andern Seite warfen, machten die Szenen noch schauerlicher.

Wir sahen uns in Todesgefahr, denn jede neue Welle, die sich über das Schiff ergoß, gab dem eingedrungenen Wasserstrom neue Nahrung. Ich sah mir den Raum noch einmal an, der in der nächsten Stunde vielleicht mein und meiner Schicksalsgenossen Grab sein würde. Ich dachte an Weib und Kind und befahl sie meinem Gott, der nach Seiner Wundermacht gewiß sie reichlich zu trösten bereit sein werde. Meine Seele befahl ich meinem barmherzigen Bürgen und Mittler, Jesu Christo, durch dessen vollgültiges Verdienst ich Gnade und Vergebung in dem wichtigen und ernsten Schritt aus der Zeit in die Ewigkeit hoffte und glaubte.

Aber die vielen um mich stehenden, halb oder ganz entkleideten Leidensgenossen, die jammernden Frauen und

Kinder — ach wie Vielen fehlte da wohl die lebendige Hoffnung, die uns im Tode nicht verläßt. Ich hatte nicht das Vermögen ihnen den einen Trost im Leben und im Sterben zu bringen, mich beschäftigte mein eigener Zustand mit meinen Gedanken zu sehr; man hatte auch Not bei den heftigen Schwankungen des Schiffes sich auf den Füßen zu erhalten.

Sollte wohl noch eine Möglichkeit sein, daß auch aus dieser Todesgefahr uns noch eine Rettung werden könnte? so fragte man sich.

Doch wunderbar, die Bewegungen des Schiffes wurden bald merklich weniger, der Wasserguß gab nach, oben auf dem Verdeck hörte man Hammerschläge. Es wurden Anstalten getroffen die großen Oeffnungen mit Bretter und Segel zuzulegen, so daß nur periodenweise noch frisches Wasser dazu kam, und es gelang auch bald die Oeffnungen völlig zu schließen. Dann trug man Sorge das eingedrungene Wasser zu entfernen, es mußte dasselbe mit Eimern zwei Treppen hoch hinausgetragen werden, welches keine kleine Arbeit war, welche die Zwischendeckpassagiere besorgten.

Das war eine wichtige und ernste Nacht, die ich nicht vergessen möchte und die unseren Reisegefährten allen unvergeßlich bleiben wird. Das waren gesegnete Erfahrungen, deren mich der Herr wert hielt und zu meiner inneren Erziehung nötig fand um mir einen Eindruck zu geben, von dem Ernst des Wechsels, der uns Allen bevorsteht und der uns durch die Todespforte, den Blick in die Ewigkeit öffnet, zu der uns in dieser wichtigen Zeit die Vorbereitung gegeben ist. Die Erinnerung an jenen 24. August behält ihren Wert für's ganze künftige Leben.

So verging die lange Nacht mit Seufzen und Beten und der Morgen brach an und mit demselben, die Hoffnung, der Herr werde nach Seiner Gnade uns doch noch helfen und unser Schiff, die Hamonia, noch retten und seine Bevölkerung noch am Leben erhalten. Hatte Er uns nach dem Schrecken der Nacht doch noch einmal das Licht des neuen Tages sehen lassen.

Aber auch der folgende Tag war noch stürmisch, so daß nur wenige von den Passagieren es wagten auf das Verdeck zu gehen; die Wellen gingen hoch, doch waren wir hoffnungsvoll, daß die größte Gefahr vorüber sei. Wir waren aus dem Centrum des Sturmes mehr in seine Perepherie gekommen. Neue Hoffnung zum Leben tröstete die Gemüter, doch konnte man bei den heftigen Schwankungen des Schiffes nur die nötigsten Gänge besorgen, wenn man mit den Händen sich an den Wänden stützte.

Als die Nacht wieder einzubrechen begann, beschlich neue Sorge das geängstete Gemüt und mit Inbrunst des beklommenen Herzens befahlen wir uns, mit Gebet und Seufzen, dem gnädigen, göttlichen Schutz. Er, der Herr, dem Wind und Meer gehorsam sind, wolle in Gnaden alle Not und Gefahr von uns abwenden, dem Wind und den Wellen Stille gebieten und uns Armen Seine mächtige Hilfe erfahren lassen. Er, der selbst das Verlangen der Elenden hört und erhört verschmähte auch unser Flehen nicht, sondern ließ uns gnädige Hilfe erfahren; es beruhigte sich nach und nach das Meer und mit ihm auch das beklommene Herz und so bekam auch allmählich der müde Leib seine Ruhe im süßen Schlummer.

Den folgenden Tag, Dienstag, ging ich nach dem Sturm zum ersten mal auf das Verdeck. Es verletzte, nach dem gemeinsam Erlebten, schon nicht die Etikette wenn es barfuß geschah, denn die durchnäßten Stiefeln und Strümpfe mußten zunächst durch die wärmende Sonne, die uns nun wieder freundlich schien, brauchbar gemacht werden. Der Himmel war heiter, die See nicht mehr so ungestüm, das Schiff schwankte zwar noch heftig, doch war die frische Seeluft, im Verhältnis zu der eingeschlossenen im unteren Schiffsraum, sehr wohlthuend.

Ich sah nun mit eigenen Augen was ich vorhin schon beschrieben. Zwei Segel, das Schooner- und das Stachsegel waren in Stücke zerrissen. Die Steuerbordseite hatte, nach Hinten zu vom Schiff, von der mächtigen Sturzwelle, einen so heftigen Druck erlitten, daß nur der eiserne Harnisch die Zerstörung vorgebeugt hatte. Das Holz inwendig hatte der Gewalt nicht widerstehen mögen und zeigte vielfältige Spuren der Zersplitterung. Ein eiserner Balken an der Treppe beim Eingang in die erste Kajüte war auffallend verbogen, die eisernen Stäbe am Treppengeländer waren zerbrochen und wir überzeugten uns, wie die ersten Kajütenpassagiere, bei jener Katastrophe in ungleich größerer Gefahr geschwebt hatten im Vergleich mit uns. Schöne Wände waren zerbrochen kostbare Spiegel zertrümmert und sonst überall waren die Beweise der traurigsten Zerstörung sichtbar. Die Brüstung an der Steuerbordseite war 50—60 Fuß ganz fortgeschlagen und wurde nun, so gut als möglich mit vorrätigem Holz, Brettern und Bäumen wieder ausgebessert. Unser früher so schönes Schiff, wie verstümmelt sah es jetzt aus.

Es hatte bei der Affaire 14 Verwundete gegeben; glücklicherweise war keiner lebensgefährlich verletzt. Ein Bootsmann, im Begriff von der Kapitänsbrücke eine Ordre ins Steuerhaus zu bringen war glücklicherweise während die Sturzwelle sich ergoß gerade bei den Seilen, die die Mastbäume halten, sonst hätte ihn die Flut sicher mit in die Tiefe fortgerissen. Das ganze Steuerhaus war in dem Augenblick voll Wasser, und einer der Männer die am Steuerrad arbeiten war ebenso in Gefahr mit in die Flut fortgerissen zu werden; glücklicherweise bekam ein anderer ihn noch rechtzeitig an den Füßen zu halten.

Nach Gottes gnädiger Fügung war der Teil des Schiffes verschont geblieben in welchem die Maschinen arbeiteten. Zwei von den fünf vorhandenen Dampfkesseln, waren aber doch unbrauchbar geworden; doch konnten wir, mit Gottes Hilfe, wenn auch langsam, unsere Reise bei schönem günstigem Wetter fortsetzen.

Einer unserer Reisegefährten, der jenen Abend auf's Verdeck gegangen war, um durch eigene Anschauung sich den großartigen Eindruck von dem Schauspiel zu verschaffen, sagte: unser Schiffchen sei buchstäblich ganz von Bergen umgeben gewesen. Was für eine ungeheure Macht liegt doch in den Elementen und doch hat unsere Hamonia ihnen unter Gottes gnädigem Schutz widerstehen können. Unter Gottes gnädigem Schutz! Das betonen wir mit Freude und Dank, denn Seine Herrlichkeit und Allmacht zu erkennen und zu bewundern gab diese Erfahrung uns eine schöne Anleitung.

Aber ist am Schemel Seiner Füße
Und am Thron schon solcher Schein;
Ei, was wird an Seinem Herzen
Erst für Glanz und Wonne sein!
Ja, an Ihn sich anzuschmiegen;
Erglüh'n in Seinem Sonnenschein,
An Seinem Herzen liegen—
O Seele, was kann sel'ger sein!

So ging die Fortsetzung unserer Reise mit Gottes Hilfe ohne jede Störung glücklich von statten. Jeder suchte sich so gut wie möglich die Zeit in ihrer Einförmigkeit zu verkürzen. Eine Bibliothek stand den Passagieren auch zu Gebot.

Dienstag den 2. Sept. ging ich nach Sonnenaufgang auf das Deck; es waren 12 Segel ausgespannt die der Maschine die Arbeit erleichterten und unsere Reise beschleunigen halfen, so daß wir abends um 5 Uhr die Leuchttürme auf den Scille Inseln und bald darauf auch die Felsen der Inseln sehen konnten. Das verursachte allgemeine Freude; einer verkündigte die gute Botschaft dem Andern und A lles fühlte leicht, nach 13tägiger Fahrt wieder einmal in der Nähe des Festlandes sich zu befinden. Abends, als es dunkel werden wollte sahen wir den ersten Leuchtturm auf dem Festlande Englands bei Landsend. Als wir den erreicht hatten mit seinem bald blutroten, bald hellen Flammenschein, kamen uns wieder neue andere in Sicht. Um neun Uhr sahen wir in der Ferne einen vor uns, und der Kapitän sagte, es seien von dort noch 50 Meilen bis Plymouth. Man wollte ungeachtet der Dunkelheit der Nacht auch Gegenstände an der englischen Küste bemerken können.

Als ich Mittwoch, den 3. September, frühe aufwachte, bemerkte ich, wie man von der Wachtbrücke Signale nach der Maschine gab; auf eins solcher Signale stand die Maschine, doch nur eine kurze Zeit, dann kam ein anderes Signal und sie arbeitete wieder. Der Lotse war gekommen und unterdessen die Treppe herauf an Bord gestiegen. Die Maschine arbeitete eine ziemliche Weile, zuletzt auf Signale mit Unterbrechung. Dann stand sie still. Als ich aufgestanden und mich angekleidet hatte, war die Uhr ½3. Ich ging auf's Verdeck und sah, daß wir uns bereits im Hafen von Plymouth befanden. Viele Lichter gaben uns die Stelle an, auf der die Stadt sich befindet.

Der Sternenhimmel ist auch voller Lichter und man orientiert sich leicht in den Himmelsgegenden. Man sieht in geringer Entfernung größere und kleinere Schiffe. Ein kleiner Dampfer kommt auf uns zu mit einem blauen und einem gewöhnlichen Lichte. Es ist der, der uns die Post für England abnimmt. Er kommt mit der Flanke an der unseres Schiffes. Ein merkwürdiger Unterschied, unser Dampfer ein mächtiger Bau, und dieser im Vergleich so klein. Es wird ein Seil geworfen und als unsere Matrosen es ergreifen, da heißt es: all right! Die Schiffstreppe wird hinab gelassen und einige neue Passagiere steigen zu uns herauf. Darauf werden verschiedene Sachen umgeladen, unter anderem 15 Barren Silber von denen jeder ca. 100 Pfund wiegt.

Unterdessen schlägt die Schiffsuhr drei und ich bemerke wie der Sternenhimmel zu verbleichen beginnt, und die Morgenröte bereits anbricht. Es hat in der Nacht geregnet und das Verdeck ist naß davon. Jetzt ist der Himmel klar.

Um ¼4 Uhr ist das Umladen beendigt und der kleine Dampfer entfernt sich wieder. Die Matrosen heben die Treppe, bringen Alles in Ordnung und als die Uhr vier schlägt wird kommandiert die Anker zu heben. Zehn starke Bäume von der Länge und Dicke einer starken Deichsel werden zu diesem Zweck in eine große Winde im Hinterteil des Schiffes gesteckt und die Matrosen und Leute aus dem Zwischendeck gehen an die Arbeit, zwei bis drei Mann an jeden Baum und dann geht es wie an der Mühle. Die Matrosen stimmen dazu ein Lied an und Alles singt mit. Jeder Vers endet mit: „He hie hallala, falladra, falladra." In 15 Minuten ist die Arbeit geschehen und unmittelbar darauf beginnt die Maschine zu arbeiten.

Mittlerweile ist es Tag geworden und bevor wir den Hafen verlassen, können wir noch seine vorzügliche Lage beurteilen. Von drei Seiten zwischen hohen Bergen öffnet er sich nur nach der Südseite und auch von da ist er teils verbaut, was durch natürliche Vorteile als mit Felsblöcken im Wasser noch sehr begünstigt ist. Auf diese Weise hat Plymouth eine Lage, daß man vom Canal aus die Stadt ganz nahe vorüberfahren kann ohne sie zu bemerken.

Nicht lange da befanden wir uns wieder im offenen Wasser und sahen um 5 Uhr die Sonne, wie noch nie zuvor über den englischen Bergen aufgehen. Vielleicht wie zum ersten auch wohl zum letzten Male, daß wir auch von dem Mond im Canal, zwischen Englands und Frankreichs Küste uns freundlich bescheinen ließen. Nach dem legte ich mich noch eine Weile auf's Lager bis die Frühstücksglocke wieder weckte. Als ich später wieder auf's Verdeck ging, sah man nur noch in weiter Entfernung die Berge an Englands Küste. Bald hatte das Auge, was das Land betrifft, wieder jeden Anknüpfungspunkt verloren, doch hatte es noch nicht elf Uhr geschlagen, als uns bereits die französische Küste in Sicht kam.

Der Sturm vom 27. August hatte auch bis in den Canal hineingereicht und der Hafen von Plymouth war zu jener Zeit ganz voller Schiffe gefahren, die alle dort eine Zuflucht vor dem Orkan gesucht hatten. Die Zeitungen meldeten, daß an 250 Schiffe in diesem Sturme verloren gegangen sein sollen, unter andern auch ein Dampfer mit Passagieren. Ein Bremer Dampfer, der einen Tag vor uns New York verließ, war eine Stunde vor uns bei Plymouth vorbei gegangen. Der verunglückte Dampfer soll von der Stettiner Linie gewesen sein.

Wir konnten an der französischen Küste zuerst eine Festung unterscheiden, dann kamen einige Felsen in Sicht, dann ein Berg, auf dem eine Windmühle stand, und auch eine kleine Stadt oder ein Dorf war zu sehen. Darauf folgte eine tiefe und weite Meeresbucht und dann wieder Land. Eine Anhöhe war in der Ferne und fiel dem Meere zu allmählich ab; somit öffnete sich eine schöne Landschaft. Wir waren der Küste soviel näher gekommen, daß wir Wiesen und Ackerfelder, von Hecken eingefaßt, unterscheiden konnten. Büsche, Bäume, Häuser, vereinzelt und in Gruppen, auch Feldwege waren zu unterscheiden. Die Landschaft bot angenehme Abwechselung, die uns eine interessante Unterhaltung gab.

Auf Mittag hatten wir uns der Festung Cherburg genaht. Wir liefen etwa um 2 Uhr in den Hafen. Ein kleiner netter Dampfer wartete schon auf die Pakete und Sachen, so daß wir nicht einmal Anker werfen durften. In einer halben Stunde war er abgefertigt; einige unserer Passagiere verließen auch unser Schiff und gingen mit dem Boote an Frankreichs Gestade und wir konnten um ½3 Uhr wieder unsere Maschine arbeiten sehen. Jetzt nahm unser Schiff wieder die Richtung in den offenen Canal, so daß wir nach und nach uns von der Küste entfernten und sie zuletzt ganz verloren. Einen schlanken Leuchtturm konnten wir noch von ferne sehen, der neben sich noch einen kleinern stehen zu haben schien.

Die Nacht vom 3. auf den 4. September gingen wir zwischen Dover und Calais durch die Meerenge und nun ging es in der Nordsee der Mündung der Elbe zu. Wir begegneten viele Schiffe, auch die Thurinie von der Hamburger Linie ging in einiger Entfernung bei uns vorüber mit Passagieren nach New York.

Um 8 Uhr abends sah man rechts 2 Leuchttürme bei Texel. Freitag den 5. September hörten wir schon früh verschiedene Signale von der Wachtbrücke an den Maschinisten. Ich erriet den Grund und hatte mich, als ich das Verdeck betrat, nicht getäuscht, der Lotse war an Bord gekommen; kurz darauf, etwa um 6 Uhr sahen wir links des Schiffes die Insel Helgoland.

Um ½10 Uhr kamen wir an die Mündung der Elbe bei Kuxhaven. Um 12 Uhr sind wir bei Glückstadt angekommen, wo wir einen andern Dampfer besteigen, mit dem wir direkt nach Hamburg gehen. Nach einer so gefahrdrohenden Fahrt den Hafen zu erreichen, erweckt dankbare Gefühle im Herzen der Landenden. Sie haben mit erfahren was der

107. Psalm V. 23 bis 31 so treffend schildert. „Die mit Schiffen auf dem Meere fuhren und trieben ihren Handel in großen Wassern; die des Herrn Werke erfahren haben, und seine Wunder im Meer; wenn Er sprach und einen Sturmwind erregte, der die Wellen erhob, und sie gen Himmel fuhren, und in den Abgrund fuhren, daß ihre Seele vor Angst verzagte, daß sie taumelten und wankten, wie ein Trunkener, und wußten keinen Rat mehr; und sie zum Herrn schrieen in ihrer Not und Er sie aus ihren Aengsten führte, und stillete das Ungewitter, daß die Wellen sich legten, und sie froh wurden, daß es stille geworden war und Er sie zu Lande brachte nach ihrem Wunsch; die sollen dem Herrn danken um Seine Güte und um Seine Wunder die Er vor den Menschenkindern thut, und Ihn bei der Gemeine preisen und bei den Alten rühmen.

Solches zu thun gab es, als wir am 6. September zunächst in eine unserer Gemeinden in West-Preußen bei Marienburg ankamen im Kreise lieber Geschwister und in der großen Versammlung, gute Gelegenheit und acht Tage später am endlichen Ziele unserer langen und wichtigen Reise in der eigenen Gemeinde in Südrußland in Alexanderwohl, wo wir unsere Berichte abzustatten verpflichtet waren, auf's neue.

Am wichtigsten bleibt es aber doch wenn man im eigenen Familienkreise nach 5monatlicher Abwesenheit sich wieder begrüßen und umarmen darf, mit den eigenen Hausgenossen, und sich freut, daß keines unter ihnen beim Willkommen fehlt. Danket dem Herrn, denn Er ist freundlich und Seine Güte währet ewiglich!

Nach 24 Jahren bleibt mir diese Reise mit ihren ernsten und erfreulichen Erfahrungen in wertvollem Andenken; sie ist ein Teil der wichtigen Erziehung auch meines inneren Menschen. Der Herr möge das, was ich auch zum Bau Seines Reiches, bei dieser Gelegenheit in Schwachheit beizutragen Gelegenheit hatte, zum Segen machen. Oft erinnere ich mich im Stillen mit dankbaren Gefühlen gegen Gott und viele lieben Geschwister der warmen Teilnahme, die ich überall erfahren durfte. Der Herr wird den Betreffenden ein Vergelter sein.

* * *

Die zwölf Kundschafter, die dazumal gemeinschaftlich die Reise machten, sind hier in den verschiedenen Staaten sehr verstreut und verschiedene von ihnen, wie z. B. der liebe Bruder W. Ewert, hat schon unterdessen eine noch wichtigere Reise aus der Zeit in die Ewigkeit unternommen und auch ich stehe mit meinen 76 Jahren an den Pforten derselben.

Nach dieser unserer Reise über Land und Meer im Jahre 1873 nahm die Auswanderung unserer Glaubensgenossen aus Rußland gleich im folgenden Jahre 1874 einen ernsten Anfang. Fünf große stark bevölkerte Dörfer, die sogenannte Bergthaler Kolonie, verkauften ihre Feuerstellen und gingen über England und Canada nach Manitoba. Die Alexanderwohler Gemeine an der Molotschna wanderte zum größten Teil aus und wählte sich Kansas zur neuen Heimat. Nach Minnesota wurde der Anfang schon im Jahre 1873 von einer Anzahl Familien gemacht und in den folgenden Jahren bis 1880 wurde Dakota und Nebraska sehr zahlreich mit Mennoniten bevölkert, und alle schon genannten Staaten erhielten jährlich einen namhaften Zuwachs.

Von West-Preußen schlossen sich dieser Auswanderungsbewegung eine ansehliche Anzahl Familien an, die hier teils in Kansas, teils in Nebraska eine neue Heimat fanden.

Alle die Schiffe, die diese Auswanderung beförderten hatten ohne jede Ausnahme, soweit mir bekannt ist, eine glückliche Ueberfahrt.

So erfuhr dieser Auswanderungszug unzweifelhaft, mit seinen wichtigen Gründen, die Anerkennung und Hilfe des gnädigen Gottes.

Gelobet sei sein herrlicher Name!

Zeitfracht Medien GmbH
Ferdinand-Jühlke-Straße 7
99095 Erfurt, Deutschland
produktsicherheit@kolibri360.de